당랑의 꿈

당랑의 꿈

초판 2쇄 발행 2019년 1월 25일

지은이 홍준표
책임편집 황근식
발행인 황정필
인쇄·제본 (주)신화 프린팅코아퍼레이션

발행처 실크로드
출판등록 등록번호 제 2010-000035호 | 등록일자 2010년 7월 9일
주소 경기도 파주시 출판도시 광인사길 103
전화 (031)955-6333 | **팩시밀리** (031)955-6335
홈페이지 www.achimnara.kr | **이메일** achimnara333@naver.com

ⓒ 2018 홍준표, 저작권자와 맺은 특약에 따라 검인을 생략합니다.
ISBN 978-89-94893-30-3 03800

이 책은 저작권법에 따라 보호받는 저작물이므로 무단전재와 복제를 금지하며,
이 책 내용의 전부 또는 일부를 이용하려면 반드시 저작권자와 실크로드의
서면동의를 받아야 합니다.

값은 뒤표지에 있습니다. 잘못된 책은 구입하신 곳에서 바꾸어 드립니다.

당랑의 꿈

홍준표 글

실크로드
silkroad

**螳螂
拒轍**

사마귀가 수레바퀴를 막는다.
중국 고서 회남자(淮南子)에 나오는 고사로
사마귀 한 마리가 제(齊)나라 임금 장공의 수레를 막아
돌아가게 했다는 데서 유래된 말.

비록 텅 빈 광장에서
나 홀로 부르는 노래로 출발할지라도
그것이 우리들의 노래가 되고
전 국민이 다 같이 부르는 노래가 될 때까지
나는 부르고 또 부를 것이다.

프롤로그

리어카에 짐을 싣고 가족을 따라 영남지역을 유랑하던 소년이 어느덧 귀밑머리에 서리가 내리는 이순(耳順)의 나이가 되었다. 어릴 때 나는 지긋지긋한 가난이 싫어 돈 잘 벌고 존경받는 의사가 되는 것이 꿈일 때도 있었고 '첫사랑 마도로스'라는 노래가 히트할 때는 5대양 6대주를 누비는 마도로스가 되고 싶기도 했다. '빨간 마후라'라는 영화가 상영될 때는 전투기 조종사가 되고 싶다는 꿈도 꾸었고 대학 등록금을 마련할 자신이 없던 아버님의 권유로 육사에 응시 할 때는 육군 대장이 되어야겠다는 꿈도 꾼 적이 있었다.

허기졌던 그 기나긴 봄날, 10리 길 신작로를 터벅터벅 혼자 걸으면서 나 혼자 상상의 나래를 펼쳐 꾸던 그 꿈은 예기치 못한 아버님의 비료 장물취득 누명 사건으로 나를 검사가 되게 하였다. 평생 검사로서 인생을 마치겠다고 시작했던 그 길도 변방의 몸부림으로 끝나고 나는 어느새 정치판에 가 있었다.

국가와 국민을 위해 정치를 시작한 것이 아니라 조폭 수사의 후유증으로 조폭으로부터 내 가족을 지키기 위해 정계에 입문했지만 내가 국가와 국민에 눈을 뜬 것은 사실상 재선 국회의원이 되고 난 뒤였다.

나는 이 나라에 참으로 많은 혜택을 받은 사람이다. 사마귀보다 존재감이 없던 나를 대한민국 검사도 시켜주고 국회의원 네 번, 상임위원장, 원내 대표, 여당 대표, 경남지사 두 번, 대통령 후보, 야당 대표까지 시켜 주었다. 이제 나머지 내 인생은 내 나라가 부국 강병한 나라가 되고 선진 강국이 되도록 진충보국(盡忠報國)하는 일만 남았다.

나는 화려한 5월의 장미보다는 4월에 피어나는 길가의 민들레가 되고자 한다. 밟히고 밟혀도 죽지 않고 그 혹독한 추위도 이기고 이른 봄 길가에서 외롭게 홀로 피어나는 한 송이 민들레인들 어떠랴!

수레에 달려드는 당랑(螳螂)으로 내 마지막 꿈을 이루고자 이 책을 낸다.

2019년 1월 1일

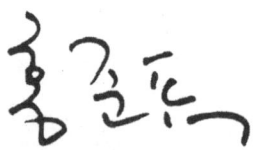

차례

프롤로그 · 6

제1부 진충보국 盡忠報國
충성을 다해 나라의 은혜에 보답함

대한민국이 우선이다 · 16
묵묵히 민심만 보고 달려간다

현실 정치로의 복귀 | 민심의 바다 | 대한민국을 위한 헌신

서민에게 꿈과 기회를, 기업에 자유를 · 24
이념으로는 경제를 일으킬 수 없다

경제 파탄 | 소득주도성장론 | 경제자유화만이 대한민국이 살 길이다
새로운 경제 정책이 필요하다

안보 문제는 신중하고 냉철하게 · 36
위장 평화에 속지 말자

위장 평화 쇼에 넘어갔다 | 안보 파탄 | 낭만적 민족주의 | 바른 대북 정책을 바란다

국제 관계의 흐름과 핵 균형론 · 50
계속 속는 것은 바보다

비굴한 평화협상 | 미·중의 패권전쟁 | 미·북 정상회담의 공허한 합의
평화는 구걸로 이루어지지 않는다

법과 원칙을 바로 세우다 · 64
3대 악폐의 척결을 바란다

금메달 상임위원회 | 강성노조가 나라를 망칠 것이다 | 강성노조와 충돌
무상급식 파동의 진실 | 그들만의 천국 | 자본은 노동생산성에 따라 이동한다

제2부 질풍경초 疾風勁草
모진 바람에도 꺾이지 않는 강인한 풀

신보수주의를 위한 혁신 · 82
자유한국당의 비상을 위하여

> 대의를 위한 인내 | 신보수주의를 위한 혁신 | 원내대표의 자격
> 중용·인사의 어려움 | 인물난 | 지더라도 최선을 다한다

대한민국 보수·우파를 재건하는 대장정 · 97
대란에는 대치가 답

> 독고다이 | 찾으면 언제든 달려간다 | 자유한국당의 현실 | 보수·우파의 재건

네이션 리빌딩(Nation Rebuilding) · 110
대한민국을 리빌딩해야 한다

> 정치는 결과 책임이다 | 낙선 후 집으로, 다시 경남으로 | 따뜻한 고향에서 봉사를
> 개혁과 혁신, 그리고 미래 | 청백리가 된 경남도 공무원들과 뜨거운 눈물

정치는 프레임 전쟁 · 126
우리가 만든 프레임으로 다시 시작

> MB와의 만남 | 지금에야 인정받는 한미 FTA | 이미지 조작
> 위선과 거짓 | 프레임 전쟁

정권 교체 킹메이커 · 136
행복한 페이스메이커이자 피스메이커

> 동대문을 통해 여의도 복귀 | 익숙한 비상체제 | 깊은 늪에 빠지다
> 대화가 사라진 정치 | 행복한 페이스메이커 | 정권 교체 킹메이커 | 소위 BBK 사건

제3부 수가재주 역가복주 水可載舟 亦可覆舟
물은 배를 띄울 수도, 뒤집을 수도 있음

새로운 프레임으로 소통 · 152
언론의 편향성을 타개한다
　　　TV홍카콜라 | 언론의 편향성 | 1인 미디어 시대

법에 의한 권력의 통제 · 162
검찰은 공정성과 중립성을 지켜야 한다
　　　이 또한 지나가리로다 | 최순실 덕을 보았다 | 세 번의 음해

폐부를 찌르는 말 · 174
욕먹어도 할 말은 하겠다
　　　보수의 품위 | 막말 프레임 | 폐부를 찌르는 말

여론 조작을 넘어서다 · 186
민심과 민심 조작은 다르다
　　　광우병 선동 | 눈치만 보다 5년이 가다 | 좌파들의 책동 | 괴벨스의 나라

홍준표論 · 194
김대중 칼럼 | 홍준표論 답글

제4부 유정천리 有情千里
걸어온 길, 걸어가는 길

가난 때문에 바뀐 인생의 항로 · 208
미래를 위해서는 현재가 필요하다

믿음의 힘 | 고난의 시작 | 유랑의 시작, 대구 | 혁명의 시대 | 다시 창녕으로
내 유년의 동구 밖 합천 | 끝없는 유랑 | 대구로 유학 가다 | 생존 수단으로서 공부
사관생도 문턱에서 | 법대로 가게 된 사연

길고 긴 고난의 연속, 청년시절 · 226
세상을 원망하지 않고 나아간다

호된 신고식 | 서울의 둥근 달 | 비참한 봄 | 10월 유신 그리고 독학
5년 만의 사시 합격 | 고난의 연속 | 고난사(苦難死) | 공동묘지가 내 팔자다
첫 데이트 | 행복한 출발

억강부약(抑强扶弱)의 도(道), 검사 시절 · 242
소신이 있으면 두려움이 없다

초임 검사 | 호랑이 검사장 | 오기로 한 수사 | 검사로서의 자존심
씁쓸한 권력비리 수사 | 공안 부적격자로 낙인찍히다 | 성실한 공직자

소신과 정의, 모래시계 검사 · 258
검사가 당당한 것은 정의롭기 때문이다

노량진수산시장 강탈 사건 | 강력부 배속되다 | 조폭과의 전쟁 | '모래시계'와 언터처블
굿바이 광주 | 슬롯머신 사건 | 비장한 정면승부 | 마지막 사형집행

국민을 향한 정치 · 278
결단의 순간에는 단호해야 한다

정치할 운명 | 새내기 정치인 | 야성을 깨우다 | 익숙한 가시밭길
국정원 무너지다 | 저격수 낙인 | 소중한 미국 생활

에필로그 · 290

충성을 다해 나라의 은혜에
보답함

제1부
진충보국盡忠報國

네이션 리빌딩(Nation Rebuilding)

이제 내가 마지막으로 내 나라를 위해 헌신하는 길은
안보가 무너지고, 경제가 무너져 내리는 내 나라를 리빌딩(Rebuilding)하는 것에
주력하는 길뿐이다. 네이션 리빌딩(Nation Rebuilding) 운동이야말로
선진강국으로 가는 지름길이라고 나는 생각한다.

대한민국이 우선이다

묵묵히 민심만 보고 달려간다

현실 정치로의 복귀

내 인생의 멘토는 이순신 장군도, 세종대왕도, 김구 선생도 아니다. 내 인생의 멘토는 '엄마'다. 어릴 때부터 지금 내 나이 60이 넘어서까지 변함이 없다. 어머니는 생계를 위해 행상을 나가면 며칠을 굶고 돌아오셨다. 동네로 들어오는 고갯마루에서 어머니를 기다리고 있으면 저 멀리 위태롭게 흔들리는 어머니가 내 가슴속으로 걸어 들어왔다.

어머니는 가난하고, 고생하며 사셨어도 자식 배곯을까, 공부

못 시킬까 걱정하고, 자식 사랑하고, 남편 사랑하고, 가족을 위해 희생하고 묵묵히 일만 한 전형적인 한국의 어머니였다.

어머니는 내가 처음 국회의원에 당선되고 2주일 뒤에 돌아가셨다. 삶의 마지막 순간까지도 아들 앞길에 방해될까 연락도 못하시다가 내 얼굴을 보고 마지막 눈을 감으셨다. 나는 정치를 시작하고, 어머니는 이 세상을 떠나셨다. 어머니가 남기신 꿈 하나 가슴에 품고 정치를 시작했다. 그 꿈은, 가진 것 없고 힘없는 사람들, 평생 일만 하고 고생만 하신 내 어머니 같은 분들이 잘사는 세상을 만드는 것이다. 그것이 내 인생의 마지막 꿈이다. 돈도 '빽'도 통하지 않는 그런 공정한 사회를 만들어 보자, 그것이다.

사카모토 료마는 젊은 나이인 32세에 암살되어 유명을 달리했지만 정치 활동을 한 지 불과 3년 만에 막부 체제를 종식시키고 일본의 근대화를 이끌었는데, 나는 20년 넘게 정치를 하면서도 아직도 내 나라를 선진강국으로 이끌지 못하고 좌우 대결의 한 축에 서 있다.

지난 지방선거 패배 직후 야당 대표를 물러나면서 홍준표가 옳았다는 국민들의 믿음이 바로 설 때 다시 돌아오겠다고 했다. 최근, 국민들의 절반 이상이 대선이나 지방선거 때 홍준표의 말이 옳았다는 지적에 힘입어 다시 시작하고자 한다. 정계를 떠난 일이 없기에 정계 복귀가 아니라 현실 정치로의 복귀라고 해야 정확할 것이다.

민심의 바다

수가재주(水可載舟) 역가복주(亦可覆舟)라는 말이 있다. 물은 배를 띄울 수도, 뒤집을 수도 있다는 의미이다.

민심의 바다는 무섭다. 한때 전 국민의 사랑을 받던 공주를 마녀로 만들 수도 있는 것이 정치이다. 민심이 달라지고 있다는 것을 저들은 감지하지 못하고 아직도 권력에 취해 세상을 상대로 괴벨스* 놀음만 하고 있다. 국민들을 일시적으로

※괴벨스: 독일 나치스 정권에서 교묘한 선동정치를 한 정치가

속일 수는 있어도 영구적으로 속일 수는 없다는 것을 알아야 하는데, 저들은 주사파 운동권의 논리로 국민들을 계속 속일 수 있다고 믿고 있다.

영어 단어 외우는 시간에 거리에 나가 촛불시위를 하면 성공하는 세상이 되었다. 온통 주사파 운동권 세력들이 대한민국을 좌파 광풍의 시대로 만들고 있는 세상이 되어 버렸다. 서민의 꿈이 무너져 내리고 떼법만이 판치는 강성노조의 나라가 되어 버렸다. 성장은 멈추고 세금으로 서로 나누어 먹는 사회주의식 배급의 나라가 되어 버렸다.

갑질 타파의 명목으로 인민재판이 횡행하며 사법적 정의가 부정되는 세상이 되어 버렸다. 광화문에서 인공기를 들고 김정은 만세를 외쳐도 아무런 제지를 받지 않는 나라가 되어 버렸다. 거짓이 진실을 이기는 괴벨스 공화국이 되어 버렸다. 학자의 양심은 간데없고, 언론은 좌파 광풍에 부화뇌동이나 하는 사이비 언론 공화국이 되어 버렸다. 불과 2년 사이에 대한민국은 해방 직후 좌·우익의 혼란을 넘어서는 혼돈의 세상이 되어 버렸다.

저들의 최종 목표는 남북연방제 통일일 것이다. 2020년 총선을 앞두고 통일의 환상을 국민들에게 심어주어 개헌선을 돌파하고 남북연방제 통일로 가는 것이 그들의 최종 목표가 될 것이다.

1960년대 초, 아시아에서는 두 가지 큰 사건이 있었다. 하나는 버마의 네 윈이 군사 쿠데타로 집권을 한 일이고, 다른 하나는 한국의 박정희 장군이 군사 쿠데타로 집권한 일이다. 양국의 지도자는 집권 후 나라의 체제를 선택했는데 버마는 국가사회주의, 한국은 자유민주주의였다. 당시 국민소득을 비교하면 버마는 7백 달러로 아시아의 부국이었고, 한국은 62달러로 세계 최빈국이었다.

60여 년이 지난 지금 미얀마로 국호가 바뀐 버마는 아직도 국민소득이 천 달러 내외에 머물고 있는 세계 최빈국으로 전락했고, 한국은 국민소득이 3만 달러에 이르는 선진국으로 도약했다. 자유가 주는 가치는 그만큼 큰 것이고, 체제의 선택이 나라의 운명을 좌우한다는 실증을 극명하게 보여준 사례다.

지금 현 정권이 추구하고 있는 헌법개정 쇼는 사회주의로 체제 변경을 시도하는 위험한 발상이다. 중국, 북한은 이미 세습 왕조 시대로 되돌아가 있고, 이제 자유 대한민국마저 세계적으로 실패한 사회주의 체제로 변경이 된다면 이 나라는 몰락의 길로 갈 수밖에 없다.

헌법은 제 정치세력 간의 타협의 산물이라고 독일의 헌법학자 칼 슈미트가 정의한 바 있다. 대통령이 일방적으로 개헌발의를 추진하는 것은 자유당 시절 개헌, 유신 헌법 시절 개헌, 5공 시절 개헌 등 권위주의 정권 시절 개헌밖에 없었다. 국민적 합의를 거치지 않은 개헌은 권위주의 정권으로의 회귀이다.

대한민국을 위한 헌신

우리는 한 번도 경험해 보지 못한 세상으로 가고 있다. 나라가 이렇게 무너지고 망가지는 것을 방치하는 것은 역사에 죄를 짓는 일이다. 나라가 분열과 반목을 종식하고 선진강국으로 나아갈 수 있도록 다시금 노력에 노력을 해야 한다.

나는 지난 공직 생활 36년 동안 내 나라에서 한없는 혜택을 받은 사람이다. 정의를 위해 패기가 넘치던 청년검사는 어느새 60을 넘긴 초로의 나이가 되었다.

얼마 전, 두 달 동안 36년 만에 휴식과 힐링의 시간을 미국에서 보내면서 대한민국의 혜택을 그렇게 많이 받았던 내가 나머지 인생을 대한민국을 위해 어떻게 헌신해야 할지 생각하는 소중한 시간을 가졌다. 독서와 충전, 성찰과 반성의 시간을 보낸 지난 두 달은 내 인생에 있어서 가장 행복한 시간이었다.

이제 또다시 갈등의 대한민국으로 돌아와 내가 마지막으로 내 나라를 위해 헌신하는 길은 안보가 무너지고, 경제가 무너져 내리는 내 나라를 리빌딩(Rebuilding)하는 것에 주력하는 길뿐이라고 생각한다. 네이션 리빌딩(Nation Rebuilding) 운동이야말로 부국강병, 선진강국으로 가는 지름길이다. 당랑거철(螳螂拒轍)의 심정으로 새롭게 시작하고자 한다.

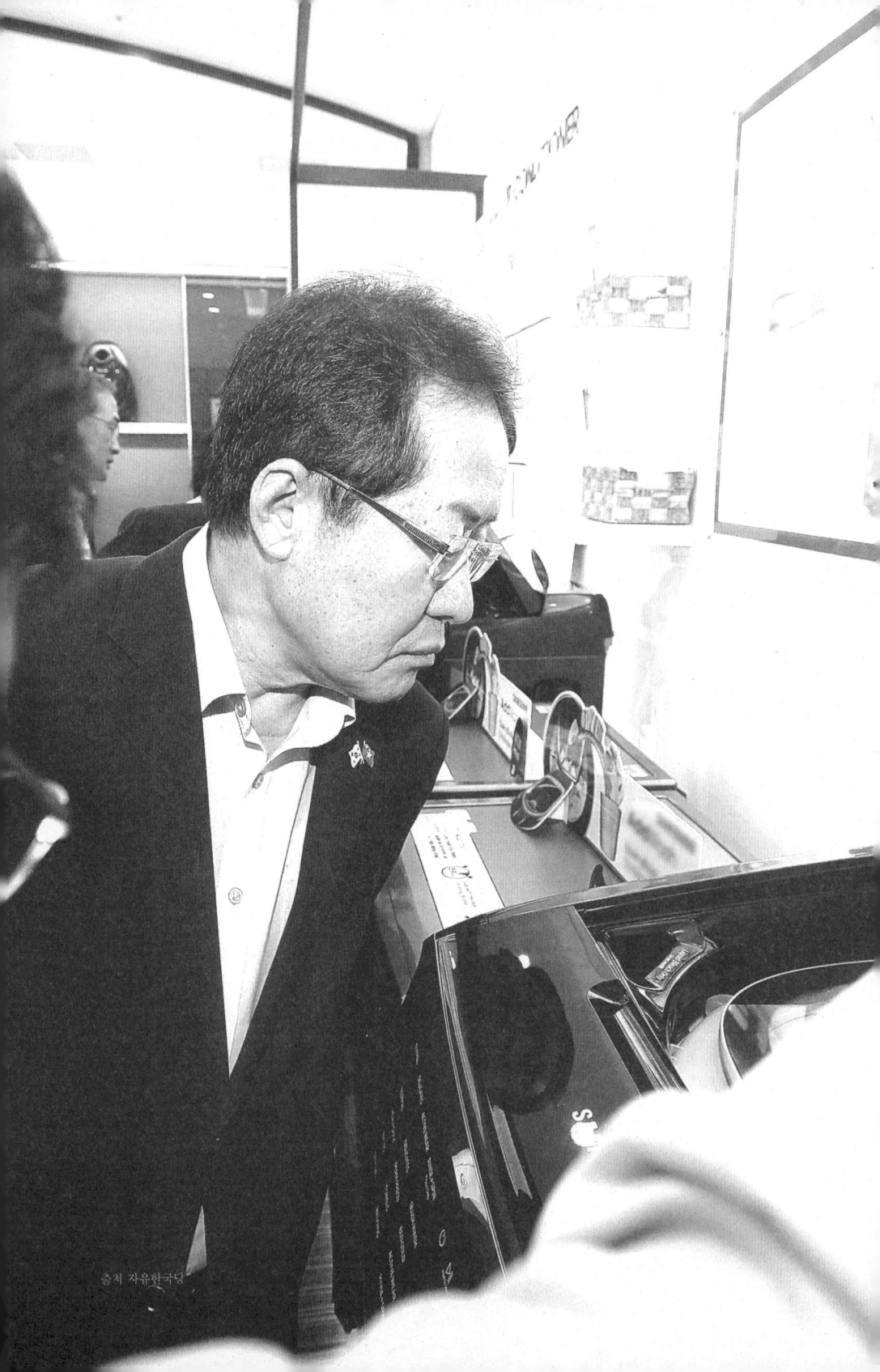

출처 자유한국당

서민에게 꿈과 기회를, 기업에 자유를

이념으로는 경제를 일으킬 수 없다

경제 파탄

'우리 경제가 어떻습니까? 서민의 삶은 지금 어떤 상황입니까? 집안 살림이 더 좋아졌습니까? 내 집 장만은 하셨습니까? 자녀들 취직은 했습니까?'

경제는 파탄지경에 이르러 수출은 날로 감소하고, 생산성은 떨어지고, 청년실업은 사상 최악이고, 기업들은 해외 탈출 열풍을 이루고, 자영업자들은 파산 직전이다.

국민들의 호주머니는 가벼워졌는데, 올라가는 것은 물가와 세금뿐이다. 쌀값이 급등했고, 외식 한번 하기도 무섭고, 배달 음식을 시키려면 배달료까지 내야 하는 형편이다. 게다가 더 무서운 세금 폭탄, 공과금 인상 폭탄이 기다리고 있다.

우리 사회의 빈부격차는 더욱 벌어졌다. 2018년 1분기 상위계층과 하위계층의 소득 격차가 무려 5.95배로 역대 최악을 기록했다. 그렇다고 상위계층의 소득이 올라간 것도 아니다. 우리 국민들 가운데 형편이 나아진 분을 찾아보기가 어려울 지경이다. 국민들의 소득은 감소했고, 경제의 성장엔진은 꺼져 버렸다. 일자리와 직결되는 기업 생산 관련 경제지표는 모두 바닥을 치고 있다.

향후 경기에 대한 기대감을 반영하는 기업경영실사지수 역시 큰 폭으로 떨어졌고, 6개월 뒤 경기상황을 전망하는 기업심리지수 조사에서 우리나라는 OECD 31개국 가운데 최하위를 기록했다. 기업의 설비투자는 2018년 3월에만 8% 가까이 감소했다.

일자리 상황은 그야말로 고용절벽에 직면해 있다. 2018년 1분기 실업률이 4.3%로 급등하면서, 실업자 수는 최고치를 기록했고 취업자 수 증가폭도 8년 만에 10만 명대로 추락했다.

특히 청년 실업률은 10%를 넘어서 2000년 이후 역대 최악이고, 청년 체감 실업률은 무려 24%에 달하고 있다. 수출도, 내수도 모두 급속한 하강 국면이고, 일자리도, 임금도 모두 최악의 상황이다.

통계청 10대 경제 지표 중 9개 분야가 하강이거나 침체라고 하고 그나마 일시적 소비증가도 저소득층의 이전소득 증가라고 했다. 나아가 최초로 서민층의 이전소득이 근로소득을 넘어섰다고 발표했다. 말하자면 일해서 버는 돈보다 국가지원으로 받는 돈이 더 많다는 것이다. 이는 나라가 망한 베네수엘라로 가고 있다는 실증적 지표가 나타난 것이다.

최근 발표된 바에 따르면 2018년 칠레의 성장률은 4%이고 베네수엘라의 성장률은 마이너스 18%라고 한다. 한때 비슷했던 두 나라 성장률이 이렇게 극명하게 바뀐 것은 칠레는 우파 정권이고, 베네수엘라는 좌파 정권이라는 차이밖에 없다.

더구나 베네수엘라는 석유자원이 풍부하여 세계에서 손꼽을 정도로 부국이었다. 한때 남미 최대의 부국이었던 아르헨티나가 좌파 정권의 포퓰리즘으로 후진국으로 밀려났듯이 베네수엘라도 같은 길을 가고 있고 국민의 상위 10%는 캐나다나 미국으로 줄줄이 이민을 떠났다고 한다. 한국도 유감스럽지만 같은 길을 가고 있다.

소득주도성장론

나는 좌파가 집권하면 경제가 어려워질 것이고, 강성노조와 연대하기 때문에 기업이 위축되어 해외 탈출과 고용 축소로 실업 대란이 일어날 것으로 예상했었다.

실제로 현 정권 출범 후 1년 반 만에 세계에서 모두 실패한 소득주도성장론으로 자영업이 몰락했고, 공공 일자리만 늘리는 정책으로 세금 나누어 먹는 그리스로 가고 있으며 좌파 경제 정책 추진으로 기업들은 고용을 축소하고 해외로, 해외로 나가고 있다.

생산적 복지가 아닌 무작정 퍼주기 복지로 나라는 베네수엘라로 가고 있는데도 각종 증세로 국민들의 주머니를 털어 대북 퍼주기와 무상복지에만 지금 올인하고 있다. 그로 인해 사상 최악의 일자리 대란과 경제 대란이 오고 있지만 아직도 현 정권은 정신을 못 차리고 최근에는 단기, 임시직, 공공 일자리 대책에만 골몰하고 있다.

미국의 금리 인상으로 우리도 외국자본을 잡아 두기 위해 금리를 인상할 수밖에 없는데 이렇게 되면 1천5백조가 넘는 가계 부채를 안고 있는 서민들은 가계 파산을 우려하지 않을 수가 없다.

나라가 이 지경인 데도 북의 위장 평화 정책에만 놀아나는 현 정권은 남북문제로 모든 것을 덮을 수 있다고 착각하고 있다. 6.25전쟁의 폐허에서 대한민국을 이렇게 발전시킨 주역은, 사회적 갈등을 부추겨 현상을 뒤엎는 일만 일삼아 온 좌파들이 아니라, 대다수 자유주의 국민들이었음을 알아야 한다.

근로소득보다 이전소득이 많은 나라가 성공한 전례가 없다. 증세를 통해서 이전소득을 무상으로 더 많이 나누어 주려는 소위 무상복지 국가는 망국의 길을 걷고 있는 베네수엘라, 그리스의 전철을 밟을 뿐이다. 더구나 현 정권이 각종 부동산 증세를 통해 무상복지, 대북지원 자금을 마련하려는 정책은 나라의 위기를 재촉하고 있다.

경제자유화만이 대한민국이 살 길이다

경제민주화라는 화두가 한국 사회의 중심과제가 된 지 오래다. 경제에 정치개념이 가미 된 것이 경제민주다. 경제민주화의 근본 목적은 공평한 분배에 있다. 우리 헌법상 근거는 헌법 제119조 제2항이다. 그런데 우리 헌법 제119조 제1항은 경제자유화를 천명하고 있고, 그것은 우리 헌법의 경제에 대한 기본 원칙이다.

헌법 제119조
① 대한민국의 경제 질서는 개인과 기업의 경제상의 자유와 창의를 존중함을 기본으로 한다.
② 국가는 균형 있는 국민경제의 성장 및 안정과 적정한 소득

의 분배를 유지하고, 시장의 지배와 경제력의 남용을 방지하며, 경제주체 간의 조화를 통한 경제의 민주화를 위하여 경제에 관한 규제와 조정을 할 수 있다.

경제민주화 조항은 1987년 민주화헌법에 도입된 이래 별로 주목받지 못하다가 2012년 12월 대선 때 박근혜 후보가 김종인 전 민주당 의원을 영입하여 거대담론으로 내세우면서 한국사회의 중심 화두가 되었다. 마치 경제민주화를 주장하지 않으면 반개혁적인 정치인으로 낙인이라도 찍히는 것처럼 보수·진보, 좌파·우파 할 것 없이 모두 합창하는 성역이 되어 버렸다.

근대 들어 세계 각국이 자본주의를 취하기 시작하면서 자본주의의 폐해로 빈익빈 부익부가 심화하자 수정자본주의로 전환하게 되었고, 자유권에 이어 사회권이 헌법에 등장하면서 마지막으로 등장한 것이 경제민주화 조항이다. 경제민주화 조항은 부의 편재가 극심할 때는 국가가 규제와 조정으로 자유주의적 시장경제 질서를 제한할 수 있다는, 경제에다 민주라는 정치개념을 혼합한 특이한 형태이다.

그런데 지금 한국사회는 경제민주화가 원칙이고 경제자유화는 보칙인 양 잘못 인식되고 있고, 현 정권 들어와서는 그 잘못이 더욱 심화되어 경제 각 분야에 대한 국가의 간섭과 규제가 일상화되었다. 헌법 제119조 제2항에 명시된 경제민주화가 헌법상 경제질서의 보칙에 불과한 데도 원칙으로 둔갑한 것은 결국 정치 포퓰리즘의 소산이라고 볼 수밖에 없다.

좌파 정권은 이 조항이 전가의 보도인 양, 사회 각 경제분야에 칼날을 휘두르면서 경제자유화를 억압하고 사회주의 경제체제로 전환을 시도하고 있다. 우리 헌법은 제119조 제1항에 경제자유화를 선언하고 있고, 부득이한 경우 동법 제2항에 국가의 규제와 조정을 최소한으로 하는 경제민주화를 선언하고 있는데 이것이 올바른 헌법정신이다. 그런데 현 정권은 이러한 헌법정신을 망각하고 본말이 전도된 경제운용을 하고 있다.

소득주도성장론, 증세론, 퍼주기 복지론, 재벌 해체론, 국가주도고용론 등, 개인의 자유와 창의를 억압하고 사회주의 배급체제로 가는 좌파 정권의 경제 정책은 종국에 가서는 이 나라 경제를 나락으로 끌고 갈 것이다.

지금 세계는 호황 국면인데 유독 우리 경제만 저성장, 물가 폭등, 최악의 청년 실업, 기업 불황, 수출 부진, 자영업자 몰락 등으로 나라 경제가 파국으로 치닫고 있다. 좋은 일자리는 사라지고 일당이나 받는 임시직과 국민 세금을 나누어 먹는 공무원 일자리만 늘린 정권이 성장 운운하고 있다. 포용적 성장이란 결국 가진 자의 것을 빼앗아 골고루 나누어 먹자는 사회주의식 배급 제도를 말한다. 그걸 고상하게 표현하면 포용적 성장이 된다. 마이너스 성장이 눈앞에 있는데 성장 운운하는 현 정권을 보노라면 어처구니가 없다.

새로운 경제 정책이 필요하다

부자와 기업에는 자유를 주어야 한다. 기업을 옥죄고 범죄시하지 말고 기업을 풀어주어야 한다. 대한민국에 마음 놓고 투자하고 수백조에 이르는 사내 유보금을 풀어서 대한민국에 일자리를 만들고 그렇게 해서 청년들이 자기 꿈과 희망을 펼칠 수 있는 밑거름이 되도록 해야 한다.

정권이 바뀔 때마다 수많은 복지 정책이 쏟아지고, 해가 바뀔 때마다 새로운 서민경제 정책이 발표되지만 십 년 전, 이십 년 전에 비해 서민들의 삶은 조금도 달라지지 않았다. 가난은 머리로 이해하는 것이 아니라, 지친 몸과 아픈 시간으로 기억하는 것이다. 서민들이 진짜 원하는 게 무엇이며, 그것을 어떻게 실현할 수 있는지를 아는 서민 리더만이 서민의 삶을 바꿀 수 있다.

더는 묻지 마 복지를 해서는 안 된다. 서민 중심 복지로 바꾸어야 한다. 복지의 결과는 얼마나 많은 사람에게 주는가가 아니라, 얼마만큼 격차를 해소하는가에 달려 있다. 보편적 복지라는 이름으로 똑같은 혜택을 제공하는 것은 복지가 아니라 공산주의식 배급이다. 더 필요한 곳에 더 많은 지원을 해야 한다. 기업에는 자유를 주고 서민에게는 기회를 주는 것이 진정한 복지이다.

경제에 좌파이념을 추가한 정부가 성공한 사례는 세계 어디에도 없다. 다시 한번 돌아보고 더 이상 파국이 오기 전에 새로운 경제 정책을 세워야 할 때이다. 세계의 흐름에 역행하는 올드 레프트(Old Left) 경제 정책은 앞으로 내 나라를 IMF 당시보다 더 어려운 상황으로 몰고 갈 수 있다.

하이에크의 경제자유화론이 헌법 제119조 제1항이라면 케인스의 경제민주화론은 헌법 제119조 제2항이라고 볼 수 있다. 원칙과 예외가 뒤바뀐 경제 정책을 지난 30년간 우리는 반성 없이 추진해 왔다. 그 결과 저성장과 예상과는 달리 양극화는 가속화되었고, 복지 포퓰리즘은 일반화되어 그리스와 베네수엘라 경제를 따라가는 형국이 되었다.

이념에 너무 몰입하는 경제 정책은 국민 경제를 멍들게 한다. 우리 헌법은 자유주의 시장경제주의를 근간으로 하고 소외계층과 사회적 약자를 위한 사회적 시장경제주의를 보충적으로 천명하고 있다. 활기찬 시장경제를 발전시켜 가되, 그 성장의 열매를 소외계층까지 골고루 나눌 수 있는 따뜻한 사회를 만들어 가야 한다.

안보 문제는 신중하고 냉철하게

위장 평화에 속지 말자

위장 평화 쇼에 넘어갔다

1615년 오사카성의 여름 전투가 떠오르는 나날이다. 일본 통일을 앞둔 도쿠가와 이에야스는 1614년 마지막 걸림돌인 도요토미 히데요리(도요토미 히데요시의 아들)의 오사카성을 공격한다. 압도적인 군사력에도 불구하고 오사카성은 해자로 둘러싸여 있는 난공불락의 요새였기 때문에 공략에 실패한다.

결국 도쿠가와 이에야스는 위장 평화 공세로 도요토미 히데요리와 정전 협정을 맺고 바로 성 주위의 해자를 메우기 시작했다. 그 해자를 다 메우자마자 도쿠가와 이에야스는 다시 공격을 시작하여 도요토미 히데요리를 비롯한 10만 명을 학살하고 일본 재통일을 이루었다.

2018년 연초부터 남북정상회담의 운을 떼우기 시작하면서 평창동계올림픽에 북을 초대하는 것을 보았다. 같은 해 6월 지방선거를 겨냥한 남북정상회담이 개최될 것으로 판단했으나, 의외로 남북의 이해관계가 맞아떨어지면서 2018년 4월 판문점에서 조기 남북정상회담이 성사되었다.

북은 유엔 제재를 벗어나기 위한 수단으로 현 정권을 이용하고, 현 정권은 지방선거에 활용하기 위해 김정은을 이용하려는 서로의 책략이 맞아떨어진 것이다.

현 정권이 대선공약으로 내세운 '낮은 단계의 연방제' 실현을 위한 준비로써 사회주의 체제로의 전환을 위한 개헌 작업도 착수가 되었다. 무언가 정권 내부에서 거대한 프로젝트가 감지되고 있는데도 자유한국당 내부에서는 일부 중진들의 준동이 끊임없이 계속되었다.

사회주의 개헌 반대 추진본부를 김무성 의원을 중심으로 결성하고, 만약 국회 표결을 하게 되면 아예 불참하기로 선언했다. 우리가 불참하면 개헌은 원천적으로 봉쇄되는 것이기 때문에 개헌 문제는 해결이 되었으나 남북정상회담은 막을 길이 없었다.

DJ나 노무현 전 대통령은 남북정상회담을 하더라도 한·미·일 자유주의 동맹은 유지하면서 추진했기 때문에 한국 체제의 위협은 없었다. 하지만 현 정권이 남북정상회담을 하는 목적은 두 전직 대통령의 회담 목적을 넘어 한·미·일 자유주의 동맹을 깨고 북·중·러 사회주의 동맹에 편입하려는 위험한 체제 전환 시도라고 보았다.

나는 2018년 4월 남북정상회담의 선언문 내용을 보고 사실상 북핵 폐기 선언이 없는 남북공동선언은 위장 평화 선언으로 판단했다. 그것은 과거 남북공동선언문 내용보다 훨씬 후퇴한 선언이었고, 북핵 폐기는 사실상 포기하는 위험한 내용이었기 때문에, 나는 그 선언을 1938년 9월 히틀러에게 속아 뮌헨회담 합의를 해준 영국 총리 체임벌린의 행위에 비교할 수밖에 없었다.

김정은은 핵을 절대 포기하지 않는다. 북핵은 자신의 영구집권 수단이고 적화통일의 수단이기 때문에 절대로 포기할 수 없는 것이다. 그런데 한국 내 좌파들은 통일이 되면 북핵도 우리 것이라는 기묘한 논리로 북핵을 정당화해 왔고, 심지어 노무현 전 대통령도 북핵을 체제 방어용이라고 강변해 왔다.

김일성 이래 30년 이상 8차례의 거짓말을 겪으면서도 북핵을 개발한 목적이, 한국과의 체제 경쟁에서 우위에 서고 핵을 무기로 적화통일을 꿈꾸기 때문이라는 보수·우파 진영의 지적을 좌파들은 부정해 왔다.

그러나 북핵 위기로 전쟁이 일어날지 모른다는 공포감 때문에 국민들은 위장 평화 회담임을 알면서도 속을 수밖에 없는 상황이 되어 버렸다. 미북회담이 취소되었다가 재개되는 것을 보고, 나는 지난 지방선거가 문재인·김정은·트럼프가 합작해서 홍준표와 대결하는 구도가 되어 버렸다고 생각했다.

이길 수 없는 게임으로 흘러가고 있었다. 남북회담을 트럼프가 보증해 주는 격이 되어 버렸으니, 국민들이 현 정권을 지지하지 않을 수가 없을 것으로 보았다.

한국당 내부 총질 세력이 준동하여 나를 유세에 나서지 못하게 하는 모습을 보면서 이를 수용한 것은, 어차피 되지 않는 게임이었던 문재인·김정은·트럼프 대 홍준표 구도보다는 광역 후보들끼리의 대결구도로 전환하기 위한 고육지계였다.

그러나 이미 선거 구도는 광역 후보 간의 경쟁이 아니라 남북평화 구도에 대한 선택으로 바뀌어 있었다. 백약이 무효인 선거가 되어 버린 것이다.

마지막 수단으로 부산 유세에서 23년 정치 인생 동안 단 한 번도 하지 않았던 대국민 사과까지 해 보았으나, 이미 고착된 남북평화 구도에 대한 선택은 바뀌지 않았다.

TK만 가까스로 건진 최악의 선거 결과를 보고 저들의 책략에 놀라움을 금치 못한 것도 사실이지만, 나 역시 국민들 마음을 얻는 데 실패했음을 자인하지 않을 수 없었다. 출구조사가 발표되는 날, 약속대로 사퇴하기로 결심하고 최고위원회를 소집하여 다음 날 사퇴하겠다고 선언했다. 어차피 광역단체장 6석을 얻어도 사퇴하고 재신임 절차를 진행하기로 결심했던 터라, 당 대표 사퇴를 주저할 이유가 없었다.

정치적 책임은 결과에 대한 무한 책임이다. 행위 책임인 사법 책임과는 달리 결과가 잘못되면 무조건 책임지는 것이 정치적 책임이다. 미련 없이 사퇴하였다. 그리고 잠실 집으로 돌아왔다. 최선을 다했기에 후회는 없었지만, 대선에 이어 두 번째로 국민으로부터 신임을 받지 못했다는 자괴감에 한없이 부끄러웠다.

안보 파탄

북이 나를 노동신문에 입에 담지도 못할 욕설로 비난하고 있다. 한국 정치사에서 북이 이렇게 한국의 특정 정치인을 계속 비난한 적이 없는데 그렇게 집요하게 나를 비난하고 있는 것은 북이 현 정권을 꼬드겨 하고 있는 남북회담의 본질을 내가 정확히 보고 있다는 반증이기도 하다.

그런데도 정작 국내에서는 그걸 알지 못하고 냉정하고 냉혹해야 할 남북문제를, 현 정권이 한바탕 쇼로 국민을 현혹하고 있는데 일부 정치인들의 선동에 부화뇌동을 하고 있는 우리의 현실이 우려되지 않을 수 없다.

나는 굳건한 한미 공조 아래 힘의 균형을 통한 무장 평화 정책을 주장했지만, 그들은 선 무장 해제를 하고 군대를 무력화시키고 일방적으로 항복 선언을 하고 있다. 이른바 평화 프레임으로 국민들을 현혹하고 있다. 평화를 싫어하는 국민들이 어디 있겠는가? 나 역시 그 누구보다 평화를 원한다. 그러나 평화로 가는 방법상의 문제가 틀렸다는 것이다.

북의 위장 평화 공세가 미국에 의해서 곧 드러날 것으로 보인다. 트럼프의 북핵 쇼도 하원을 장악한 민주당의 견제로 불가능하기 때문에 미국도 대북 유화 정책을 계속하기가 어려울 것이다. 그렇게 되면 현 정권도 더 이상 북의 위장 평화 공세에 맞장구치지 못할 것으로 판단한다. 안보 파탄이 오는 것이다.

북의 위장 평화 공세를 바르게 지적한 나를 막말 프레임으로 덮어 씌어버린 그들이 그때 가서는 무슨 말을 할까? 헌법상 양심의 자유, 표현의 자유는 무제한의 자유가 아니라, 그 양심·표현이 외부에 나타날 때는 일정한 제한을 받는 내재적 한계가 있는 자유다.

세계 유일의 냉전 지대에서 양심적 병역 거부를 인정한 이번 대법원 판결은 대법원의 성향이 급변했다는 것을 보여주는 첫 사례일 것이다. 어떤 대책을 마련하고 그런 판결을 했는지 의아스럽지만 현 정권의 선 무장해제에 부합하는 코드판결이라고 아니 할 수 없다.

국가 안보는 아무리 강조해도 지나치지 않는 법인데 이제 3년도 남지 않는 정권이 오천만 국민을 김정은의 말 한마디로 이런 무장해제 상태로 몰고 가는 것을 보고 있으려니 불길한 생각에 등골이 시리다.

낭만적 민족주의

해방 이후 대북 정책의 흐름을 보면 이승만 - 박정희 - 노태우로 이어지는 현실주의 노선과 김대중 - 노무현 - 문재인으로 이어지는 낭만적 민족주의 노선이 있다. 낭만적 민족주의 노선은 국제정치의 흐름을 무시하고 민족이라는 혈연 공동체에 호소하면서 우리 민족끼리라는 북한의 전략에 부응하는 그런 노선이다.

이러한 낭만적 민족주의 노선은, 19세기에 유럽의 약소국이었던 독일이 '게르만 민족의 통합'이라는 명제로 출발한 것이다. 그런데 낭만적 민족주의 노선은 국민들의 감성에 호소하면서 평화를 내세우기 때문에 야릇하게도 국민들에게 환상을 심어 주면서 일시적으로 호응을 받을 수밖에 없다.

낭만적 민족주의와는 다르지만 평화를 내세우면서 국민들을 기만한 대표적인 사례가 있다. 1938년 9월 영국 총리 체임벌린이 히틀러와 뮌헨 회담을 한 후 귀국하면서 공항에 운집한 런던 시민들에게 조약서를 흔들면서 여기에 평화가 있다고 했을 때 영국 국민 80%가 환호를 했다. 그러나 몇 달 후 히틀러는 제2차 세계대전을 일으켰고 체임벌린은 세계 외교 사상 최악의 선택을 한 지도자로 비난을 받으면서 암으로 사망했다. 지난 지방선거 당시 남북 정상회담에 대한 국민들의 반응을 보면서 나는 1938년 9월 체임벌린을 맞는 런던 공항의 시민들을 떠올렸다.

그러나 국제정치의 흐름을 무시하는 이 노선은 19세기 조선 시대 대원군의 쇄국 정책과 유사한 시대착오적인 정책으로 결국 전체주의로 가게 된다. 냉전 시대에 소련에 대항하기 위해 서유럽 12개국으로 출발한 나토가 소련이 붕괴된 냉전 이후에는 동구권까지 참여하는 29개국 공동 방위체제로 발전한 것은 세계가 자유민주주의, 시장경제를 바탕으로 하는 공동 방위체제로 전환하였다는 것을 단적으로 보여주는 사례라고 할 수 있다.

이런 관점에서 보면 좌파들이 말하는 전시 작전권 환수도 낭만적 민족주의의 소산이다. 세계에서 단독으로 나라를 지킬 능력이 있는 나라는 미국, 영국, 러시아, 중국, 프랑스 정도에 불과하다. 한미 동맹을 미 제국주의에 복속하는 것으로 매도하고 한일 협력을 친일이라고 매도하는 것도 모두 북한의 주장에 호응하는 좌파들의 낭만적 민족주의의 소산이다.

자유 월남이 패망하고 공산 월맹으로 무력 통일이 된 것을 보고 희열을 느꼈다는 사람들은, 지금의 베트남 사회주의 공화국이 번영하고 잘되고 있지 않으냐고 반문한다. 그러나 베트남이 공산 정권으로 무력 통일이 되고 난 뒤에 수백만 명이 학살당하고 보트피플이 넘쳐나고 사이공의 중산층과 자유 월남 국민들이 북쪽 월맹 빈촌으로 강제 이주 되어 하층민으로 전락한 참상을 그들은 기억하지 못하고 있다.

일국 2체제 연방제 통일은 북예멘, 남예멘의 예멘 사태에서 보듯이 불가능한 통일이다. 통일은 연방제 통일이 아닌 동·서독 통일과 같이 자유민주주의 통일이 되어야만 자손 대대로 번영된 나라가 된다. 감상적 민족주의에 기대는 남북 연방제 통일은 환상에 불과하다.

바른 대북 정책을 바란다

위장 평화 공세에 속는 것은 도요토미 히데요리, 네빌 체임벌린의 예와 같이 일시적으로는 평화를 바라는 국민적 동의를 받을 수 있을지 모르나 그 결과는 참담하다. 국민의 생명과 재산을 지키려면 언제나 최악의 경우를 가정하고 결단을 내려야 한다. 그만큼 지도자의 판단은 나라의 존망을 결정한다.

나는 누구보다도 남북화해를 원한다. 나는 MB 정권 때 당 대표를 하면서 MB의 반대를 무릅쓰고 개성공단을 방문했던 사람이다. 그러나 지금 하고 있는 남북대화는 북의 위장 평화 공세에 놀아나는 위험한 도박이다. 현 정권은 부디 냉정을 찾아 오천만 국민의 생명과 재산을 지키는 바른 대북 정책을 수립해 주기를 바란다.

분위기에 휩쓸려 가는 정치는 반드시 실패한다. 안보 문제는 아무리 신중하고 냉철하게 대처해도 모자라지 않다. 작금의 한국 안보 상황은 누란의 위기이다. 내가 우려하는 현 상황은 결코 보수층 결집을 위한 정치적인 목적에서 시작된 것이 아니고 보다 냉철하게 남북문제를 바라보자는 것이다.

폭주하던 북의 독재자를 대화의 장에 끌어낸 것은 잘한 일이다. 그러나 미국까지 끌어들인 남북정상회담이 완전한 핵 폐기 회담이 아닌 북의 시간 벌기, 경제제재 위기 탈출용으로 악용될 경우, 한반도에는 더 큰 위기가 온다. 제비 한 마리 왔다고 온통 봄이 온 듯이 환호하는 것은 어리석은 판단이다.

다시 한번 말한다. 나는 남북대화를 결코 반대하지 않는다. 그러나 완전한 핵 폐기 없는 평화는 위장 평화일 뿐이고 오천만 국민이 북핵의 노예가 될 뿐이라는 것을 명심해야 한다. 깨어 있는 국민이 자유 대한민국을 지킨다.

출처 자유한국당

국제 관계의 흐름과 핵 균형론

계속 속는 것은 바보다

비굴한 평화협상

레이건 대통령은 미소 군축회담을 하면서 '믿어라. 그리고 협상하라.'고 했지만 나는 북핵 회담을 하면서 '믿지 마라. 그러나 협상하라.'고 한다.

국내 문제에 발목이 잡힌 트럼프가 성과 없는 싱가포르 미북 정상회담을 억지로라도 연 것은 최소한 대륙간탄도미사일(ICBM)이라도 제거해 보고자 하는 고육지계로 보았다. 그러나 싱가포르회담은 그것조차 불확실한 회담이었으나, 이미

국민들 뇌리에 박혀버린 남북평화 환상은 깨어지지 않았다.

비핵화를 바라면서 한국이 선 무장해제를 하는 것은 아무리 생각해도 비굴한 평화협상에 불과하다. 그렇기 때문에 이미 북핵 문제의 주도권은 김정은이 쥐어 버린 결과로 밖에 볼 수 없다. 한국은 김정은의 선처만 바라는 애처로운 처지로 전락해 버렸다. 반면, 김정은은 일거에 북핵문제의 주도권을 잡게 되었다.

미국도 최소한 2018년 11월 중간선거까지는 협상을 깨지 않기 위해 회담이 잘되는 것처럼 쇼를 할 수밖에 없었을 것이다. 이란의 핵 문제가 교착상태에 빠진 마당에 북핵문제도 교착상태에 빠진다면 트럼프는 아무리 국내 경제가 호전된다 하더라도 선거에서 이기지 못할 것으로 예상했을 것이다.

이란이나 북한 어느 한쪽의 핵 문제가 해결되어야 나머지 한쪽도 해결할 수가 있을 터인데, 두 나라 핵 문제가 동시에 꼬여 버리면 미국으로서도 외교적 난관에 봉착하게 된다.

이란의 핵 문제는 미국 유대인들의 압력으로 강경노선으로 갈 수밖에 없을 것이고, 그렇게 되면 북한의 핵 문제는 협상으로 풀 수밖에 없을 것이다. 김정은은 이러한 미국의 입장을 알고 있기 때문에 중국과 러시아를 등에 업고 거꾸로 미국을 압박할 수 있는 계기로 만들어 버렸다.

현 정권을 이용한 김정은의 북핵 전술은 지금까지는 대성공을 거둔 셈이다. 그러나 북핵문제는 미국의 11월 중간선거에서 민주당이 하원을 장악하면서 2018년 말부터 새로운 전기를 맞을 것으로 보인다.

김정은의 입장에서는 적어도 문재인 정권이 존재하는 한 미국이 대북 군사공격을 전개하지 못할 것이라는 확신을 가질 수 있기 때문에 북핵문제는 김정은의 꽃놀이패가 되어버렸다.

DJ와 노무현 정권이 빈사상태의 북을 연명시켜주었다면, 문재인 정권은 국제제재와 압박으로 궤멸직전인 북을 다시 한 번 살려주고 북을 핵보유국으로 만들어 주어 한반도에 재앙을 가져오게 하는 정권으로 기록될 가능성이 크다.

미·중의 패권전쟁

나는 우리가 처한 북핵문제를 미·중의 패권전쟁 측면에서 늘 보아 왔다. 2017년 10월 북핵 대책 방미단을 만들어 워싱턴을 방문했을 때 워싱턴포스트 주필과 장시간 인터뷰를 할 당시에도 그런 측면에서 북핵문제가 해결될 수 있다고 역설했다.

1648년, 30년 전쟁의 결과로 평화체제인 베스트팔렌 조약이 성립된 이후 근대에 이르러 유럽 패권을 두고 나폴레옹이 전쟁을 일으켰고, 그 후 다시 독일이 두 번에 걸쳐 1, 2차 세계대전을 통해 유럽 패권 장악에 돌입했다. 그러나 전후의 패권은 오히려 미·소 양대 산맥으로 넘어갔고, 냉전체제 하에서 강대국들의 핵무장으로 패권은 전쟁으로 해결하기가 불가능하게 되었다.

미국은 레이건 행정부 시절 군비 경쟁을 통해 소련을 해체 시키고 세계는 양극체제에서 단극체제로 재편되었다. 이 와중에 소련에 대항하는 나토의 대서양 공동체는 그 의미가 퇴색

되었음에도 잠재적인 적국인 러시아 때문에 여전히 운영되고 있고, 이제는 대국굴기로 미국의 세계 패권에 도전하는 중국만 남아 있다.

박근혜 정권 때 미·중 패권 전쟁의 본질을 보지 못하고 중국에 한발 다가가서 중국으로 하여금 북핵을 해결해 주기를 기대했으나, 중국이 미·중 패권 전쟁에서 혈맹지간인 북을 견제할 생각이 없다는 것을 뒤늦게 알고 급히 사드 배치를 강행하다가 중국도 잃고 미국도 잃는 외교적 고립을 자초했다. 그리고 친북 좌파 정권이 탄생했다.

이제부터라도 대서양 공동체로 상징되는 나토에 버금가는 태평양 공동체를 창설해 북·중·러 사회주의 동맹을 견제해야 한다. 그 길 만이 미·중 패권 전쟁에서 한반도가 자유 대한민국으로 살아남는 유일한 길이다.

미·중의 세계 패권 전쟁은 무역전쟁과 북핵문제의 양대 축으로 진행 중에 있는데 북핵문제에 대한 우리의 선택이 미국의 초미의 관심사이다. 미국은 북핵문제를 한·미·일 자유주의 동맹과 유엔제재로 풀어나가려고 했으나 현 정권은 오히려 북·중·러 사회주의 동맹에 가담함으로써 반미로 돌아섰기 때문에 트럼프는 한국의 좌파 정권을 믿을 수가 없게 되었다. 2018년 11월 6일 미국 중간 선거 이후 트럼프의 선택과 미 의회 지도자들의 선택을 주목해야 한다. 중간선거를 겨냥한 미국의 제스처는 그냥 제스처일 뿐이다. 한국의 모든 국내 정치의 가장 큰 변수는 국제 관계의 변화이다.

구한말 이후 국권침탈, 6.25 동란, 남북 관계의 변화 등 그 모든 사건이 국제 정치에 연동이 되어 있었고, 그것이 늘 한반도의 운명을 좌우했다는 사실을 우리는 잊어서는 안 될 것이다. 지금 세계는 모두 하나의 끈으로 연결되어 있는 하나된 지구이다.

미·북 정상회담의 공허한 합의

나는 미북 정상회담에 많은 기대를 걸었다. 2018년 6월 12일 미북이 싱가포르에서 만나 정상회담을 한다고 했을 때 북한의 완전한 비핵화를 실현함으로써 진정으로 북한의 핵무기 공포에서 해방되기를 기대하면서 당 대표로서 미북 정상회담에 대한 요청사항을 발표했다.

먼저 북한의 미래 핵개발 능력과 과거 핵을 제거할 뿐 아니라, 핵기술 자료를 폐기하고 핵기술자들을 다른 업무에 종사토록 함으로써 영구히 핵개발 능력을 제거해야 하고, 국제원자력기구(IAEA)의 강력한 사찰과 검증을 포함한, 과거와 미래의 모든 핵까지 폐기될 수 있는 합의가 되어야 함을 강력히 요구했다.

또한 미국이 북한 비핵화에 대한 보상 문제에 있어 '비핵화 완료 후 보상'이라는 기존의 원칙을 고수해 주길 바랐고, 비핵화 완료시까지 '제재와 압박'을 지속한다는 기존 방침도 견지해주길 바랐다. UN을 비롯한 국제사회의 다양한 제재와 압박의 노력이 북한을 대화와 협상의 장으로 끌어내는 데 매우 유효했음을 잊어서는 안 되며, UN과 국제사회의 대북제재는 북한 비핵화 완료시까지 지속되어야 하고, 이로써 완전하고 신속한 북핵 폐기를 이룰 수 있을 것으로 보았다.

종전선언, 평화협정 체결 등 체제보장 조치는 북한의 비핵화 완결 이후에 이루어져야 한다. 북한은 비핵화의 대가로 체제보장을 요구하고 있는데, 체제보장으로 종전선언과 평화협정 체결, 미북 수교 등을 요구하고 있다고 생각했다. 그러나 북한의 완전한 비핵화 이전에 종전선언과 평화협정 체결이 선행된다면 '제재와 압박'이라는 북한 비핵화를 위한 가장 강력한 수단을 잃게 될 것으로 예상했다. 종전선언과 평화협정은 북핵 폐기의 가장 마지막 단계에서 주어지는 외교적 보상이 되어야 할 것으로 판단했다.

그리고 북한은 중국과 러시아라는 양대 세력과 국토가 연결되어 있어 이들로부터 군사적 지원을 받기가 용이하니 미군이 대한민국에 계속 주둔함으로써 북한의 남침을 억제하고 중국과 러시아 세력을 견제해 주기를 요구했다. 북한의 비핵화 완료 후 북한 경제를 국제경제 체제에 편입시킨다면 북한이 다시는 핵무장 길로 나아가지 않을 것이므로 이를 위해서는 북한이 개혁개방 노선으로 나아갈 수 있도록 유도해야 하고, 미국 기업의 대북투자 여건 조성을 위해서도 미국이 정상회담에서 북한의 개혁개방을 강력히 요구할 것을 기대했다.

그런데 막상 회담이 끝나고 보니 아무런 내용도 없는 공허한 합의만 했다. 이럴 거면 미북 정상회담을 왜 했는지 참으로 의아하다. 미북 정상회담은 '20세기 초 가쓰라 - 태프트 협약, 1938년 히틀러 - 체임벌린의 뮌헨회담, 1973년 키신저 - 레둑토의 파리 정전회담'을 연상시키는 회담이 되었다. 더구나 트럼프가 자신의 국내에서 처한 곤경에서 벗어나기 위한 오로지 트럼프만을 위한 회담이었다는 외신들의 평가도 다수 있다. 이로써 우리는 안보도 이제 우리 힘으로 지킬 수밖에 없다는 절박한 위기에 처했다.

아무런 CVID(완전하고 검증 가능하며 되돌릴 수 없는 비핵화)에 대한 보장도 없이 한미군사 훈련도 취소하고 미군철수도 할 수 있다고 한 것은 오로지 김정은의 요구만 들어주고, 얻은 것은 아무것도 없는 회담이라는 사실을 보여준다. 그런데 청와대는 이를 뜨겁게 환영한다는 것이다. 나는 나이 60을 넘겼으니 북망산을 가도 미련이 없으나 내 나라, 내 국민, 내 자식, 내 손주가 북핵의 노예가 되어 살아갈 것을 생각하니 걱정이 되지 않을 수 없다.

과거 포춘지 발표를 보면 북핵 포기 대가가 무려 2천1백조가 될 수 있다고 한다. 우리나라 5년 예산을 모두 모아야 하는 천문학적인 금액이다.

이미 '영변 경수로 사기'로 건설비 70%가량을 떼인 경험이 있는 우리가 이를 마냥 바라볼 수만은 없다. 미국, 중국, 일본이 그 많은 돈을 부담하겠는가?

1994년 영변 경수로 비용은 우리가 70%를 부담하기로 협약을 한 바가 있다. 그 선례대로 한다면 우리 부담금은 1천5백조가 될 수도 있다.

미국은 세금을 한 푼 안 들이고 이를 추진한다고 천명했다. 남북 평화가 온다면 돈이 문제냐는 시각도 일리 있다. 그러나 좌파 정권들이 북핵 개발 자금을 대주고 다시 좌파 정권이 들어와 지금 와서 그 북핵을 돈으로 사려는 역사의 아이러니를 국민들이 납득할까.

평화는 구걸로 이루어지지 않는다

냉전세력과 냉전에 대처하는 국가적인 전략을 구분하지 못하고, 후자를 말하면 전자로 매도하는 좌파들과 일부 '패션' 우파들이 있다. 지구상에 남아 있는 마지막 냉전지역이 한반도이다. 한반도의 냉전을 돌파하려면 대화와 타협으로 돌파하는 방법이 있고, 힘의 균형을 바탕으로 상대를 압도함으로써 상대를 굴복시키는 방법이 있다.

그런데 대화와 타협으로 돌파를 하려면 상대의 자세와 태도 변화가 전제되어야 하는데 지금의 북은 전혀 변화되지 않았다. 위장이라는 뜻이다. 그런데도 북이 변했다고 국민을 현혹하는 것은 더 큰 재앙을 불러올 수 있다. DJ나 노무현이 북에 지원한 달러가 핵이 되어 돌아왔듯이 잘못된 북에 대한 오판은 북핵을 용인하는 한반도의 재앙을 가져올 수 있다.

다시 한번 강조한다. 북핵을 용인하고는 한반도의 평화는 절대 불가하다. 북은 절대 핵을 포기하지 않는다. 체제 전쟁에서 밀리다가 북핵 한방으로 주도권을 잡았는데 그것을 포기할 리가 있을까? 북핵을 포기하는 순간 김정은도 강성 군부에 의해 숙청된다.

1991년 노태우 전 대통령은 김일성에 속아 한반도 비핵화 선언을 했고, 1992년 미군 전술핵을 철수했다. 그때부터 북은 집요하게 핵 개발에 나서서 남북 군사 균형이 무너지는 오늘에 이르렀다. 지도자의 오판이 국가적 재앙을 가져올 수 있다는 것을 극명하게 보여준 사례다. 핵 폐기는 핵 균형을 이룰 때 비로소 실질적인 협상이 이루어진다. 현 정권도 이점을 유념하기 해야 한다. 평화는 힘의 균형으로 이루어지는 것이지 대화 구걸로 이루어지지 않는다.

나는 누가 뭐래도 북한 김정은의 핵 폐기 의사를 믿지 않는다. 모두가 믿고 싶은 마음은 알지만, 믿지 않는 데서 출발해야 북핵 폐기 대책이 성공할 것으로 나는 확신한다. 모두가 봄이 왔다고 들떠 있지만 나만 홀로 겨울이어도 나는 개의치 않는다. 나라의 안보는 언제나 최악의 상태를 가정하고 대비해야 한다.

북은 30년 동안 3대에 걸쳐 북핵에 관해 8번의 거짓말을 해왔다. 지난 판문점회담에서 보인 것은 9번째이다. 그래서 나는 문재인 대통령에게 '북의 위장 평화 쇼에 속지 말고 믿지 마라, 그러나 협상은 하라'고 했더니 일부 기자들과 칼럼니스트, 당내 일부 인사들까지 그걸 두고 막말이라고 했다.

나라의 안보 문제가 주사파들의 남북평화 쇼의 실험도구가 되는 지금의 현상이 참으로 안타깝다. 북에서 매일같이 비난의 대상이 되고, 남에서까지 조롱과 비난의 대상이 되어도 나는 개의치 않는다. 자유 대한민국을 지키고자 하는 나의 결의는 아무도 막지 못할 것이다. 깨어있는 국민이 자유 대한민국을 지킨다.

북핵문제는 김정은의 뜻에 따라 움직여서는 해결하지 못한다. 과거 세계 경찰을 자임했던 미국에 의존하는 것만으로도 이제 해결하지 못한다. 북핵문제는 대한민국의 생존이 걸린 문제인 만큼, 우리가 독자적으로 해결할 수 있는 방안을 새롭게 마련해야 한다.

> 법과 원칙을 바로 세우다

3대 악폐의 척결을 바란다

금메달 상임위원회

고용세습의 문제가 청년실업, 고용절벽 문제와 맞물리면서 청년들에게 절망감을 안겨주고 강성노조의 폐해를 국민들이 실감하게 되었다. 나는 국회의원 시절 5년 6개월 동안 남들이 꺼리는 환경노동위원회에서 활동하면서 위원장까지 맡았다.

국회의원으로 재직하는 동안 기재위, 법사위, 정무위, 행정위, 국방위, 정보위, 외통위, 환노위 등 많은 상임위를 거쳤다. 15대 국회에 등단한 이래 환경노동위원회에는 5년가량 근무한 곳이라 17대 국회가 되면서는 아무도 지원하지 않던 환노위 위원장을 맡게 되었다.

당시 국회는 환노위뿐만 아니라 모든 위원회를 교섭단체 간사 중심으로 운영했으나, 나는 교섭단체 여야 간사 외에 민주노동당 소속 단병호 의원도 민노당 간사로 임명하여 환노위를 운영했다. 민노당의 존립 근거가 노동위원회에 있는데, 의원이 한 명뿐이라고 해서 민노당을 제외하고 환노위를 운영하는 것은 맞지 않는 국회운영이라고 보았기 때문이다.

내가 맡은 환노위는 단 한 번 표결한 것을 제외하고는 모두 합의체로 운영하였고, 17대 마지막 국회를 앞두고 미처리 안건이 20여 건이 안 될 정도로 순조롭게 운영되었다. 그 미처리 안건도 총선을 앞둔 실적 쌓기용 법안이라서 위원회를 더 이상 열 수가 없어 미처리된 것이었다.

국회 임기 말 대부분의 위원회가 수백 건의 미처리 안건을 남기는 것에 비해, 우리는 그때 여야가 합심하여 국회 사상 최초로 미처리 안건이 최소화된 상임위원회로 남게 되었다.

강성노조가 나라를 망칠 것이다

환노위에서 활동한 경험은 이후 정책 결정에 많은 도움이 되었다. 나는 오래전부터 강성노조의 폐해를 지적해 왔고, 6년 전 경남지사 시절에도 진주의료원 강성노조와 2년 동안 투쟁했다. 당시에도 진주의료원 단체협약에는 고용세습이 명시되어 있었고, '현원이 정원'이라는 기막힌 조항까지 있었다.

그 조항으로 인해 전임 지사 시절 130여 명이던 정원이 2년 새 백 명이나 늘어나 230명이 되어 경영악화를 부채질하였고, 파업 시에도 '무노동 무임금'이 아니라, 임금을 정상 지급해야 하는 어처구니없는 일도 속출했다.

'당신들에게 파업의 자유가 있다면 나에게는 직장폐쇄와 폐업의 자유가 있다.'

거듭된 정상화 요구를 거부하여 진주의료원을 폐업할 당시, 민주노총과 싸우는 나를 도와주지는 못할망정, 박근혜 정부는 복지부 장관과 국회 국정조사를 통해 나를 압박하고 심지어 당에서 제명을 하려고 시도하기도 했다.

강성노조의 폐해는 거기에 그치지 않는다. 한국 사회 전반에 널리 퍼져 한국 경제를 나락으로 빠트리는 주범이 강성노조이다. 그들은 자신들의 이익이 국민의 이익보다 앞서고, 자신들의 주장이 모두 정의라고 강변한다.

지난 대선 때부터 나는 대한민국 3대 적폐로 어린아이들에게 종북사상을 퍼트리는 전교조, 한국 경제를 망치는 강성노조, 종북 주사파 집단을 꼽았다. 그러나 지금은 이 3대 세력이 국가운영 중심세력이 되어 나라를 나락으로 몰아가고 있고, 국민들은 그들이 내세우는 '평화', '복지' 프레임에 말려들어 한국 사회 전체가 멍들고 있다. 참으로 안타깝고 걱정되는 심각한 상황이 아닐 수 없다.

강성노조와 충돌

진주의료원 폐업사건은 경남도정을 뒤흔든 민주노총과의 충돌이었다. 2013년 1월 취임 직후 산하단체의 기관 보고를 받으면서 유독 진주의료원만 적자가 누적되어 있고, 2~3년 후에는 자본잠식 상태가 올 수 있다는 보고를 받았다.

공공의료기관이 대개 그렇지만 주인의식 없이 경영하다 보니 적자는 예산으로 보전해 주는 것을 당연하게 여기고 있었다. 그러나 유독 진주의료원은 정도가 심해 곧장 경영파탄이 올 것이라는 수차례의 경고에도 불구하고 정상화되지 못하고 있었다.

의료원장으로부터 보고를 받고 질책을 하니 며칠 후 바로 사표를 제출하고 나가 버렸다. 자기로서는 도저히 정상화시킬 수가 없다는 것이었다. 복지국 직원들로 TF를 만들어 정상화 방안을 마련해 보라고 지시한 후 10여 일 뒤 가져온 보고서를 보니 폐업이 정상화의 유일한 길이라고 했다.

우선 김혁규 지사가 있던 때부터 강성노조의 준동으로 도의회에서 10여 년 전부터 폐업 논의가 있었고, 그 후 김태호 지사, 김두관 지사를 거치면서 노조가 더욱 강력해져 손을 볼 수 없는 지경이 되어 버렸다. 그 와중에 김두관 지사 시절에 비정규직이 정규직화되는 바람에 더욱 노조의 힘이 강화되어 고용세습 조항까지 두었고, '현원이 정원'이라는 기막힌 단체협약까지 있었다.

의사가 15명, 간호사가 150명가량 있어도 하루 외래진료 건수는 2백 건이 되지 못하고 외과수술은 아예 포기한 상태였다. 김두관 지사 시절에는 2백억 원의 지원을 조건으로 구조조정을 요구했으나 그것도 노조에서 거부했다고 한다. 보고서에 따르면 민간병원이면 벌써 파산했어야 할 병원인데, 도민들의 세금으로 연명하고 있는 것이 진주의료원이었다. 나는 진주의료원 폐쇄를 결정하면서 복지국 간부들에게 이렇게 말했다.

'내가 국회 환경노동위원장을 해봐서 민주노총의 힘을 안다. 아랫배에 힘주어라. 앞으로 엄청난 어려움이 닥칠 것이다.'

폐업을 결정하고 정교한 폐업 로드맵을 작성하라고 지시했다. 소송도 대비하고 조례개정도 준비하고, 특히 중환자 이송에도 만전을 기하라고 지시했다.

'진주의료원은 임종 전 요양환자가 특히 많아서 이송 과정에서 사고가 나면 민주노총이 그 시체를 들고 도청에 난입할 것이다. 그런 일은 절대 일어나서는 안 된다.'

2백여 명에 달하는 중환자를 설득하여 사고 없이 다른 병원으로 이송하는 것은 피를 말리는 작업이었다. 매일매일 출근하면 제일 먼저 점검한 것이 사고 없이 환자 이송을 했는지에 대한 보고였다. 두 달가량 걸린 환자 이송이 별다른 사고 없이 성공적으로 마무리되어 가고 있었다. 거의 막바지 환자 이송 때 환자를 받은 병원에서 외과 의사가 '이 환자는 위중하여 수혈을 해야 한다.'고 했으나 가족들의 반대로 수혈하지 못하고 사망한 사건이 발생했다.

즉각 민노총에서 성명이 나오고 내가 마치 살인자라도 된 양 떠들었고 형사고소까지 되었다. 그런데 그 외과 의사가 다행히 가족들로부터 '수혈거부동의서'를 받아두어서 민노총의 반격은 거짓으로 마무리되었다. 그러나 진주의료원 폐업사건으로 나는 강성노조의 타깃이 되었다.

진주의료원 폐업 조례도 우여곡절 끝에 도의회를 통과했고, 조례무효 소송은 그 후 대법원까지 갔으나 기각되었다. 박근혜 정부는 복지부장관까지 경남도청으로 내려보내 폐업철회를 요구했으나 내가 거부하는 바람에 무산되었다. 그리고 민주당 측 요구로 국정조사까지 하면서 나를 압박하고 검찰고발까지 했으나 진주의료원 폐업 정책은 저지되지 않았다.

진주의료원 폐업의 성과는 그 후 다른 지방의료원들이 정상화되는 계기를 만들었고, 마산의료원이 만성적자에서 10년 만에 첫 흑자를 기록하는 쾌거를 이끌었다.

한편, 경남개발공사는 구조조정 후 창사 이래, 최초로 도에 2백억 원의 이익배당을 하여, 그 돈으로 서울 강남구 자곡동에 1천5백 평을 매입해서 재경대학생 기숙사인 남명학사를 지었다. 경남 서민자제 출신 재경대학생들에게 월 15만 원씩만 받고 공부할 수 있는 남명학사를 마련하였다. 이것은 공공기관 경영합리화의 결과였다.

무상급식 파동의 진실

진주의료원 폐업에 이어 좌파들과의 두 번째 승부는 무상급식 파동이었다. 오해가 많았던 무상급식 파동은 경남지사를 하면서 내가 가장 어려웠던 순간이었다. 원래 무상급식은 교육청 소관 사업이고 지방자치단체 사업이 아니다.

그런데 좌파교육감들이 대거 당선되면서 무상급식이 전국적으로 급속히 파급되고 교육청 사업이 마치 지방자치단체 사업인 양 오해가 생겨 버렸다.

경상남도는 기초단체와 연합해서 한 해에 무상급식 지원금을 7백억 이상 교육청에 지원하고 있었는데도, 이에 대해 감사를 하지 않고 있었다. 이것은 전국적으로 마찬가지 상황이었다. 1백만 원을 외부기관이나 단체에 지원하더라도 매년 예산지원 감사를 하는데, 7백억 이상 매년 교육청에 지원하면서도 예산이 제대로 쓰이는지를 감사하지 않는 것은 직무유기라고 판단되었다.

그래서 교육청에 앞으로 매년 무상급식 지원금에 대한 감사를 하겠다고 통보하고 지원비율도 조정하자고 통보했다. 주무관청이 돈을 더 내어야 함에도, 급식비의 70%를 지방자치단체에 부담시키는 것은 부당하다는 것이 내 주장의 요지였다.

그런데 전교조 출신 교육감은 이를 거부하면서 대등기관의 감사는 부당하고, 비율도 조정할 수가 없다고 회신을 해왔다. 그래서 나는 '감사 없는 예산지원은 없다. 예산지원을 받으려면 감사를 받아라. 아울러 급식예산도 최소한 주무관청에서 더 부담하라.'고 다시 통보했다.

그동안 수천억 원의 도민 혈세를 지원받고도 감사를 받지 않는다는 것은 언어도단이라고 나는 그렇게 생각했다. 결국 감사받을 때까지 지원중단을 결정하고 교육청 압박에 들어갔다. 그런데 좌파들은 내가 어린애들 밥그릇을 빼앗는다고 허위선전을 하고 협박하였다. 1년간 지속된 대치 끝에 감사를 받기로 합의하고 지원금은 3백억 원가량 축소된 것으로 정리되었다.

경상남도가 2016년 경남도교육청에 지원한 학교급식비와 관련한 첫 감사에서 온갖 비리가 적나라하게 드러났다. 질 낮은 식재료 납품, 입찰 담합, 위장업체의 입찰참가 등 모두 88개 학교에서 2,306건의 불법행위를 적발했다. 이 감사는, 2016년 10월 급식비 예산을 지원하면서 경상남도가 교육청을 감사할 수 있는 근거 조항을 전국 최초로 명문화한 '경상남도 학교급식 지원 조례'에 따른 것이다.

내가 무상급식 지원을 반대한 것이 아니라 예산감사 거부로 촉발된 사건인데, 마치 지원 축소된 그 돈으로 내가 도의 빚을 갚은 것으로 잘못 선전되었다. 그리고 지금도 그렇게 잘못 알려져 있다. 나는 지원 축소된 3백억 원에 1백억 원을 더 보태어 서민자녀 교육지원사업을 전국 최초로 실시했다. 경상남도 서민자녀들의 학비보조금을 초·중·고등학교 학생들에게 지급한 것인데, 좌파들은 지금도 그 돈으로 빚을 갚았다고 거짓말을 하고 있다.

한 신문사 인터뷰에서 밝혔듯이 내가 추진한 정책은 '가진 사람한테 세금을 더 걷어서 집중적으로 가난한 사람에게 주자는 것'이다. '무상급식, 무상보육 문제는 좌우 문제, 보수·진보의 문제가 아니라 국가 재정 능력의 문제라는 점을 다시 한 번 강조' 하고 싶다.

그들만의 천국

당시에 무상급식 문제로 전교조와 충돌하자 친박들이 지배하던 새누리당뿐만 아니라 청와대까지 철저하게 나를 외면했다. 전교조의 눈치를 본 것이다. 또 진주의료원 폐업사건은 민주노총과 정면으로 충돌한 사건이다. 이때에는 아예 나를 당에서 출당까지 시키려고 했다. 민주노총의 눈치를 본 것이다.

조직화된 극소수의 강성 귀족 노조가 대한민국을 멍들게 하고 있다. 그래서 나는 근로자의 3%도 되지 않는 강성 귀족 노조가 그들의 기득권을 지키기 위해 대한민국을 망치고 있다고 생각한다. 고용세습 등으로 자기들만의 천국을 만들어가는 강성노조가 대한민국 경제를 망칠 것이라고 경남지사를 할 때인 6년 전부터 주장해 왔고, 지난 대선 때도 그랬다. 진주의료원을 폐업한 이유도 바로 거기에 있다.

나는 노조를 부정하는 것이 아니라 노조의 부당하고 부정한 행동을 바로잡자고 하는 것이다. 최근에서야 뒤늦게 강성노조의 고용세습 문제가 부각되는데, 분명 더 큰 문제들이 뒤따른다는 사실을 알아야 한다. 강성노조가 지배하는 작업장에는 노조의 경영권 침해와 간섭이 상례화되어 있고, 불법파업이 일상화되어 있으며, 노동생산성은 현저히 낮음에도 고임금 혜택을 누리고 있는 한편, 고용세습 조항까지 단체교섭에 명시가 되어 있어 바꿀 수가 없다.

경영자의 경영 사기를 저하시키거나, 무자격 무능력자에게 일자리를 세습하는 결과는 경영악화로 이어지는 단초가 된다. 기업이 잘 돼야 일자리가 늘어나고, 기회가 균등하게 주어져야 청년들의 일자리 문제도 해결된다. 이를 바로 잡지 못하면 기업은 투자와 고용을 회피하고 해외로 탈출할 것이다. 실제로 고용절벽으로 인한 실업대란은 현재 진행되고 있으며, 경제는 활력을 잃고 나락으로 빠지고 있다. 그러나 이 정권은 강성노조와 연대한 정권이기 때문에 이를 해결할 생각도 능력도 없다.

자본은 노동생산성에 따라 이동한다

미국의 가장 부유한 도시 중 하나였던 세계 자동차 공업의 중심지 디트로이트는 도시가 공동화되고 파산을 했다. 이것이 먼 나라만의 일이 아니라는 것을 깨달았을 때는 이미 늦다.

한국 GM사태도 근본적으로 노동생산성의 문제로 귀착된다. 이제 글로벌기업은 이익에 따라 지구촌 전체로 이동한다. 현대차의 임금은 이미 도요타, 폭스바겐을 앞질렀는데 매년 강성노조가 연례행사로 파업을 일삼고 있고 노동생산성도 미국 앨라배마 공장, 조지아 공장에 뒤지고 있다.

현대차의 국내 생산량은 이제 44%에 머물고 있고 앞으로는 30% 이하로 내려갈 것이다. 대부분 해외 생산에 주력하겠다는 뜻이다. 노동생산성에 따라 자본 이동이 이루어지는 불가피한 상황에서 글로벌 기업은 물론, 한국의 기업들도 경쟁력을 갖기 위해 기업 환경이 좋은 곳을 찾아 떠날 수밖에 없다. 이제라도 한국 정부는 정신 차려야 한다.

삼성전자의 베트남 공장은 하노이에 모바일 사업부, 호찌민에 가전제품 사업부가 있다. 이들이 만든 일자리는 16만 개이고 협력업체까지 합치면 30만 개가 넘는다고 한다. 일 년 수출액은 베트남 전체 수출액의 22%인 5백억 달러에 이르고 숙련공의 일솜씨는 한국에 못지않은데 임금은 한국의 1/8에 불과하다.

삼성전자가 추가로 베트남으로 공장을 이전하려는 이유가 바로 여기에 있다. 한국에 있어 본들 죄인 취급을 당하고, 갑질을 당하고 노동생산성도 갈수록 현저히 떨어지는데 굳이 한국에서 기업을 할 이유가 없다. 기업가에게 애국심을 강요하는 시대는 지났다. 세계가 이젠 하나의 시장이 되었다. 강성노조와 손잡은 좌파 정권도 이점을 자각하지 않으면 한국은 앞으로 제조업 공동화를 초래할 수도 있다.

일자리는 기업 기살리기로 만들어진다. IMF 이래로 최악의 청년실업 상황에서 우리가 살길은 법인세를 인하하고 기업 기살리기로 정책 전환을 하는 것이다. 그렇지 않으면 디트로이트의 악몽을 막을 길이 없다.

모진 바람에도 꺾이지 않는
강인한 풀

신보수주의를 위한 혁신

자유한국당의 비상을 위하여

대의를 위한 인내

2018년 내가 정한 슬로건은 승풍파랑(乘風破浪)이었다. 고통과 질곡의 시간을 보낸 자유한국당이 거침없이 큰 세상으로 나간다는 의미이다. 나는 36년 공직 생활과 정치를 하면서 단 한 번도 순탄한 생활을 해 본 일이 없다. 때로는 갈등의 중심에서 위기의 순간을 보냈고, 계파 없이 정치를 하다 보니 순탄할 때는 우군이 있지만 위기일 때는 늘 혼자 힘으로 돌파를 했다.

당 대표가 된 직후부터 3대 혁신으로 인적 혁신, 조직 혁신,

정책 혁신을 추진하여 새로운 신보수주의 정당을 만들겠다고 발표했다. 외부인사 위주로 혁신위원회를 구성하여 혁신을 주도하게 하고, 당의 새로운 면모를 갖추기 위해 구체제와 단절을 추진하기로 했다.

그러나 친박 중심의 원내 지도부는 당 대표의 지휘 밖에 있었고, 당의 정책과는 따로 돌아가는 기묘한 상태가 계속되었다. 4년 4개월 만에 중앙정치에 복귀했으나, 당도 여전히 친박들의 세상이었다. 그래서 나는 친박들의 견제 속에서 당을 이끌 수밖에 없었다.

박근혜 전 대통령은 탄핵당하고 구속까지 되었어도 친박계는 여전히 건재했다. 복당파들도 탈당했던 전력 때문에 전면에 나서기를 꺼렸고, 당 대표의 정책과 혁신 작업을 공개적으로 지지해 주지도 않았다.

당 대표가 된 후 매일 같이 외부로는 문재인 정권, 내부로는 친박들과 내우외환 속에서 투쟁할 수밖에 없는 형국이 되어 버렸다. 그러다 보니 지도자로서의 이미지보다는 싸움꾼 이미지만 심화되는 답답한 세월이 계속되었다.

내뱉는 말도 거칠어지고 아무도 나서지 않는 싸움에 나 홀로 공격하고 방어하는 시간이 계속되면서 5분마다 생각이 변하는 일부 의원들 상대하기가 지겹도록 계속되었다. 나와 약속하고 문 열고 나가면서 다른 말을 하는 사람들을 데리고 정치를 하기란 참으로 힘든 일이었다.

대표가 원외이니 원내 일은 간섭 말라는 모욕적인 말도 들었다. 국회의원을 네 번이나 했던 나로서도 참으로 국회의원이라는 자리가 대단한 자리구나 하는 헛웃음을 피할 수 없었다.

현실이 친박 다수 정당이니 도리가 없다고 생각했지만 자신들이 구세주로 모시던 박근혜 전 대통령의 탄핵도 막지 못하고 감옥까지 보낸 주제에 아직도 친박 행세를 버리지 못하고, 반성 없는 그들이 나는 참으로 측은하기까지 했다.

인적 혁신은 박근혜 전 대통령과 서청원, 최경환 두 의원을 출당 처분하는 것으로 마무리 지으려고 했다. 박근혜 전 대통령은 일반 당원이기 때문에 윤리위 출당 결정으로 끝이 나지만 서청원, 최경환 두 의원은 내가 2006년에 만든 당헌에 따라 소속의원 2/3의 동의가 있어야 하기 때문에 의원총회에 계류시켜 두는 것으로 마무리했다.

박근혜 전 대통령은 본인이 탈당을 해주었으면 문제가 없었을 텐데, 본인이 탈당 여부를 결정해주지 않아 구체제와 단절을 위해 출당시킬 수밖에 없었다. 당이 살아남기 위한 고육지책이었다.

신보수주의를 위한 혁신

조직 혁신 작업은 이용구 당무감사위원장의 주도로 이루어졌다. 이미 석 달간의 예고기간을 거쳐 시행된 조직 혁신 작업은 통계학자 출신 이용구 위원장의 용의주도한 검증작업으로 시작되었다.

그 결과 전국 당협위원장의 1/3에 달하는 70여 명을 교체하는 정당 사상 전례가 없는 대 혁신 작업으로 마무리되었다. 당협위원장 서너 명만 교체해도 야당 당사 앞이 시위대로 뒤덮이는데, 무려 70여 명이나 되는 당협위원장을 교체했는데도 당사 앞은 조용했다. 이용구 위원장이 수치화한 당무감사 결과를 발표했기에 현역 의원이 탈락해도 반발하지 못한 혁신적인 조치였다. 현역 최고위원도 탈락시키고 해당 행위로 제명까지 하는 혁명적인 조직 혁신은 별 무리 없이 마무리되었다.

류석춘 혁신위원장이 이끄는 혁신위가 제안한 신보수주의를 근간으로 한 정책 혁신도 순조롭게 진행되었다. 그러나 인적 혁신, 조직 혁신 작업의 충격 때문인지 신보수주의를 근간으로 한 정책 혁신 작업은 언론의 주목을 받지 못했다.

원내 정책위의 협조를 받아야 했지만, 정책위가 친박 지도부로 구성되어 있어서 도저히 소통되지 않았다. 정책위의 도움을 받지 못한 정책 혁신은 일단 신보수주의라는 방향을 잡는 것으로만 만족하기로 하고, 향후 원내 지도부가 바뀌면 그때 추진하기로 했다.

원내대표의 자격

2017년 12월 초가 되어 원내대표 경선이 시작되었다. 친박 1명, 중립 주장 친박 1명, 비박 복당파 1명이 경선에 나왔다. 원내대표 후보자 대부분이 찾아와 자신을 지지해 달라고 요청했지만, 나는 원외라서 유권자가 아니니 의원들을 상대로 설득해 보라고 말하고 돌려보냈다.

그런데 그중 두세 사람이 나가자마자 나를 비난하는 것을 보고 저런 표리부동한 사람이 원내대표가 되면 당이 어떤 꼴이 될까 참으로 걱정스러웠다. 원내대표는 야당이므로 투쟁력이 있어야 하고 뚝심과 혜안을 겸비해야 하는데, 그런 사람이 아닌 또다시 도로 '친박당'이 되면 앞으로 당은 희망이 없을 것 같았다.

걱정스럽게 바라보는 가운데 1표 차이로 2차 투표 없이 비박 복당파인 김성태 의원이 원내대표로 선출되었다. 김성태 의원은 한국노총 출신인 3선 의원으로 우리 당으로서는 당선되기 어려운 서울 강서 지역에서 3선을 한 중진이다. 서민적이고 투쟁적인 인물로 야당 원내대표로서는 그만큼 적합한 사람이 없었다. 그 당시 나는 김성태 의원이 원내대표가 되지 않으면 당을 더 이상 이끌고 가기 어렵다고 보고, 당 대표를 사퇴한다는 생각까지 하고 있었다. 그런데 다행히 비박 원내대표가 되는 바람에 당을 운영하기가 훨씬 용이하게 되었다.

정당에 있어 원내대표는 참으로 중요한 자리이다. 특히 야당에 있어서 국회는 전부나 마찬가지이기 때문에 정당 운영에 있어 절반 이상이 원내대표 몫이다. 원내대표가 당 대표와 따로 놀 때 그 정당은 정체성을 상실하고 국민의 신뢰를 잃는다. 그래서 원내대표 선출에 내가 신경을 집중하지 않을 수 없었던 것이다.

중용 인사의 어려움

이제 당 지도부에 친박은 한 명뿐이기 때문에 당 운영에 큰 어려움이 없게 되었다. 내가 당 대표가 되었는데도, 당내 저항이 저러한데 그동안 친박 정권에서 이들의 횡포가 얼마나

심했을까는 쉽게 알 수 있었다. 지난 몇 개월 동안 대선후보와 당 대표를 지내면서 김무성 의원 등 복당파가 탈당했던 마음을 어느 정도 이해할 수 있었다. 이제 친박, 비박 없이 하나가 되는 자유한국당이 돼야 했다.

당직도 골고루 배분하고 화합에 힘썼지만, 아무래도 주요 당직은 복당파를 기용할 수밖에 없었다. 국민들 앞에 국정파탄의 주역인 친박보다는 그래도 그 당시 비주류였던 복당파가 나을 것이라는 판단에서였다.

지방선거 준비를 위해 중앙당 공심위는 최고위에서 결정하고, 지방 공심위는 17개 광역단체별로 구성하여 최고위 인준을 하였다. 공천 원칙은 광역단체 공천 책임은 내가 지고 기초단체와 기초·광역의원 공천 책임은 국회의원, 당협위원장이 책임지는 형태로 진행하기로 했다. 광역단체장은 6석 기준으로 현상유지를 못하면 당 대표가 책임지는 것으로 하고, 기초단체장·기초·광역의원은 해당 국회의원과 당협위원장이 책임지도록 거듭 확인했다.

인물난

약속대로 기초단체장·도의원·시의원 등 광역·기초의원 공천은 국회의원과 당협위원장들에게 책임 공천토록 일임했다. 과거 중앙당에서 전권을 가지고 하던 공천을 지방 공심위에 일임하고, 중앙당은 광역단체장 경선관리와 전략공천에서만 주력하였다.

정권이 교체된 첫해 선거라서 그런지 패배할 것이 뻔한 선거에 출마하겠다는 영입인사를 우리는 찾을 수가 없었다. 당선 가능한 인사들은 한결같이 손사래를 쳤고, 서울시장 후보의 경우는 아무도 나서는 사람이 없었다. 천신만고 끝에 영입에 성공하는 듯했으나 영입 직전에 고사하는 바람에 당 이미지만 실추시키는 일이 다반사였다.

23년 정치를 해봤지만 이렇게 후보 구인난에 시달린 선거는 처음이었다. 가까스로 퍼즐을 다 맞추었는데 이번에는 올드보이 공천이라고 시비를 걸었다. 다른 당은 그러면 뉴 페이스가 있는가? 모두 기성 정치인 공천이기는 마찬가진데 유독 자유한국당에만 시비가 집중되었다.

어려운 와중에서도 당을 위해 나서준 후보들에게 거듭 경의를 표하면서 감사했다. 소위 중진이라고 하는 사람들은 아무도 나서는 사람이 없고, 선거에 지고 나면 당권 차지하는 데에 혈안이 되어 선거보다 선거 후 당 대표 경선에만 열중하고 있었다. 어처구니없는 당내 상황이었지만 괘념치 않고 선거에만 집중하기로 했다.

그러나 트럼프까지 가세한 전례 없는 위장 평화 공세, 국정농단 세력 공세 속에서 치러지는 선거이니 가뜩이나 어려운 상황이었다. 그런데다가 엎친 데 덮친 격으로 참패하면 당권이나 잡자는 사람들의 책동과, 반대 진영에서 공격하듯이 하지도 않은 막말 프레임에 동조하여 같은 당 당대표를 선거 유세도 못하게 하는 등 야당 사상 유례없는 분열 속에서 지방선거를 치러야 했다.

나는 검사와 국회의원, 경남지사를 거치면서 매일매일 갈등 속에서 힘겨운 세월을 보냈지만 늘 어떻게 하면 갈등 조정을 원만히 하면서도 내가 맡은 사명을 충실히 수행할 수 있을지 숙고에 숙고를 거듭하는 시간을 보냈다.

지더라도 최선을 다한다

대선 때는 당 내외에서 이미 진 게임으로 치부하여 열의를 보이는 사람은 몇몇에 불과했다. 대선 공약은 내가 발표한 것과 측근을 통해서 발표한 것 외에 당 차원에서 발표한 것은 거의 전무하다시피 한 것으로 기억한다. 아예 대선공약 자체도 미처 만들지 못하고 있던 상황이었는데, 특히 교육 분야의 공약은 빈칸으로 언론에 나가는 일도 있었다.

득표율 15%를 못 얻으면 선거비용 보전을 못 받기 때문에 돈을 빌려준 은행에서는 매일 지지율 체크를 하고 있었다. 또한 홍보비용도 절약하느라 광고비를 문재인, 안철수 후보보다 절반 정도에 그쳤고, 그러다 보니 TV광고 시간도 값이 싼 심야시간대에 할 수밖에 없었다. 총 선거비용을 문재인, 안철수 후보보다 150억 정도 적게 쓸 수밖에 없었던 어려운 선거였다.

TV토론은 자신이 있었기 때문에 챙겨주는 자료만 대강 훑어보고 나갔고, 유세원고는 아예 작성해 주는 사람이 없어서 수첩에 적힌 몇 가지 키워드만으로 즉석연설을 했다. 덕분에 가보지 못했던 전국 일주 유세를 하면서 내 나라가 참 크다고 느끼기도 했다. 탄핵 대선이었기 때문에 메시지가 유권자에게 와닿지 않았고, 어떤 때는 유세장에서 노래를 부르는 것으로 유권자들과 하나가 되는 방법을 택할 수밖에 없었다.

우여곡절 끝에 대선이 끝나고 개표하는 날, 나는 15%만 넘겨 대선자금을 보전받아 당에 재정적 손해만 끼치지 않았으면 좋겠다는 생각을 하기도 했다. 출구조사가 발표되면서 득표 예상이 24%라는 말을 듣고 안도하면서 그래도 당의 재정에 손해를 끼치지 않았다고 생각했지만, 한편으로는 서운한 마음을 숨길 수 없었다.

'세상이 나를 알아주지 않아도 나는 세상을 원망하지 않는다.'

제2부 질풍경초

36년 공직 생활을 내 신조대로 내 할 일은 최선을 다해서 했으므로 후회는 없다고 생각했다. 탄핵 대선은 끝났고, 나는 패배했다. 동대문에서 마지막 총선 패배 후, 두 번째로 선거에서 져 본 것이다. 당선자는 경찰의 호위 아래 광화문을 누비지만, 패배자는 집에서 가족들과 함께 쓸쓸한 밤을 보내야만 했다.

1993년 김영삼 전 대통령이 개혁할 때 개혁에 저항하는 수구 세력들을 향해 '개가 짖어도 기차는 간다'라고 일갈했다. 이 말은 2012년 대선 때 문재인 후보도 인용했고 내가 경남지사로 경남을 혁신할 때 인용한 일이 있다. 지금 우리 자유한국당은 구체제와 단절하는 혁신 작업을 계속해야 한다. 그래야 희망이 있다.

혁신이란 가죽을 벗기는 일이다. 그만큼 고통이 따른다는 뜻이다. 고통 없는 혁신은 없다. 모두가 참아내야 혁신이 된다. 구체제에 안주하는 것은 대세를 거스르고 반혁신의 길로 가는 것이다. 망하는 길로 가고자 하는 사람이 아니라면 혁신에 반기를 들어서는 안 된다. 정치인의 말은 천금과도 같다는 것을 명심해야 한다.

위기는 곧 기회이다. 위기를 기회로 활용하는 것이 지도자의 역할이라고 본다. 나는 자유한국당의 혁신과 재건을 위해 끝까지 노력할 것이다. 당을 단합·혁신하고, 보수·우파의 가치를 바로 세워야 한다. 우리는 믿는 만큼 행동할 수 있고 행동하는 만큼 이룰 수 있다.

> 대한민국 보수·우파를 재건하는 대장정

대란에는 대치가 답

독고다이

남한강과 북한강이 만나는 양평 두물머리에 갔다가 유유히 흐르는 강물을 바라보면서 두 강이 만나는 것처럼 보수·우파 통합도 이루고 보수·진보 통합도 이루고 나아가 남북 통합도 이루었으면 하는 간절한 마음이 들었다.

나는 23년 정치하면서 계파에 속하거나, 계파를 만들어 본 일이 없다. 국회의원은 헌법상 독립기관으로서 국민대표기관이지 어느 계파의 대리인이 되어서는 안 된다는 소신 때문이다. 소위 언론에서 만들어낸 친홍계라는 것은 내가 당 대표를 할 때 같이 일하던 당직자들일 뿐이다.

2011년 7월 전당대회 때는 친이, 친박이 무리 지어 총동원 체제로 당권 장악에 나섰지만 결론은 무계파였던 내가 압승하여 당대표가 되었다. 2012년 11월 경남지사 보궐선거 당내 경선 때는 친박들이 총동원 체제를 갖추어 나를 저지했어도 내가 이겼다.

2014년 4월 경남지사 당내 경선 때는 청와대까지 나서고, 경남 국회의원들이 거의 대부분 친박 진영에서 활동했어도 내가 이겼다. 당시 친박인 사무총장은 경선 결과를 믿을 수 없다고 하면서 경선 현장에서 재검표를 지시하여 재검표를 두 번이나 했어도 결과는 마찬가지였다.

나는 당원과 국민들을 보고 정치를 하는 것이지, 국회의원들에게 기대어 정치를 하지는 않는다. 헌법상 독립 기관인 국회의원들의 소신을 존중하기 때문이다. 국회의원들이 무리를 지어 파당 정치를 한 결과, 대통령이 탄핵되고, 구속되고, 정권을 좌파들에게 넘겨주는 뼈아픈 결과를 초래했다.

당시 의원은 아니었지만 나를 포함해 20대 새누리당 소속 국회의원들은 모두 역사의 죄인들이다. 이제부터라도 일신의 안위보다는 선당 후사하는 자세를 가져야 한다.

당원도 아닌 분들이 당에 들어와 혁신을 주장하는 상황이 되었다면 이미 그 당은 자정 기능을 상실한 것이다. 내 자리보전보다 이제는 모두 하나 되어 현 정권에 대항할 때이다. 동지의식은 간데없고 계파 의식만 있는 당은 미래가 없다. 서민경제는 파탄 지경인데, 대북 제재 완화를 위해 유럽 순방이나 하는 정권을 그냥 두고, 야당 역할을 한다고 할 수 있을까?

나는 정치에 입문한 이래 23년 동안 계파정치를 철저히 배격하는 정치를 해왔다. YS에 의해 정계에 입문했으나 민주계가 아니었고 이회창계도 아니었고 MB의 친이계도 아니었다. 7년 동안 당을 운영하면서 패악으로 당원과 국민들로부터 버림을 받은 친박계도 아니었다.

나는 앞으로도 계파 정치를 하지 않을 것이다. 정당은 이념 집단인데 계파 이익으로 뭉친 이익 집단인 계파 정치는 한국 정치를 늘 멍들게 해 왔다는 확신 때문이다. 언론에서 흔히들 말하는 친홍계라는 것은 계파가 아니고 당시 우리 당의 당직자들이나 나와 생각을 같이하는 동지들일 뿐이다.

찾으면 언제든 달려간다

지난 대선 후 이젠 좀 쉬어야겠다고 생각하고 LA로 가서 연구소에서 1년 정도 공부해야겠다고 판단했다. 바로 짐을 챙겨 아내와 함께 비행기에 올랐다. 미국 도착 후 하루에도 수십 차례씩 오는 메시지와 전화는 조속히 귀국해서 당을 맡아 달라는 주문이었다.

곧 전당대회가 열리니, 당 대표를 맡아 당을 재건해 달라는 요구를 거절할 수가 없어, 1년 예정하고 나온 미국행을 23일 만에 도로 귀국하는 것으로 결정을 했다. 귀국을 결정하고 인천공항에 내릴 때 만감이 교차했으나 입국장에 모인 1천5백여 명의 인파를 보고 호랑이 등에 올라타 버렸다는 느낌을 강하게 받았다. 이제 함부로 내릴 수도 없게 되었다는 생각에 마음은 더욱 답답해졌다.

당내 경선을 치르고 2017년 7월 4일 당 대표에 선출되던 날, 기쁨보다는 부담감 때문에 답답한 가슴을 가눌 길이 없었다. 책임당원 72.75% 득표라는 엄청난 지지에 대한 중압감도 가슴을 더 먹먹하게 만들었다. 2011년 7월 당 대표 이후 6년 만에 다시 당 대표로 복귀했던 것이다.

보수·우파의 위기가 깊은 만큼, 당이 처한 상황이 어렵고 힘든 만큼, 위기 극복의 해법을 찾아달라는 간절한 바람은 그 어느 때보다 절실하고 간절했다. 당을 혁신하고 대한민국 보수·우파를 재건하라는 준엄한 역사의 명령이었다.

나는 비장한 각오로 무거운 선택을 받들었다. 우리 앞에 놓인 길은 언제 끝날지도, 얼마나 힘들지도 알 수 없는 지난한 고통의 길일 것이다. 그러나 한 가지는 분명하다. 반드시 해내야 한다는 것이다. 자유 대한민국을 지키겠다는 의지와 용기로 뭉치면 반드시 승리할 것이다. 나는 그렇게 스스로에게 다짐했다.

자유한국당의 현실

지난 2005년, 나는 당의 위기 상황에서 혁신위원장을 맡았다. 당이 좌파 정권 10년을 끝내고 정권을 되찾아오라며 당의 미래를 맡겨 혼신의 힘을 다해 당을 혁신했다. 그리고 정권을 찾아왔다. 그때보다 지금이 더 어렵다. 지금의 위기는 하루아침에 찾아온 것이 아니기 때문이다. 그만큼 위기를 벗어나는 데도 많은 시간이 걸릴 것이다.

일찍이 한 번도 경험해보지 않았던 가장 힘든 당내 선거를 치러야 했다. 언론은 무관심했고 국민은 냉담했다. 이것이 우리의 현실이었다. 자유한국당의 현실이고, 대한민국 보수·우파의 현실이었다.

김영삼 이후 한국 보수·우파를 대표했던 이회창, 이명박,

박근혜는 그나마 단단하게 하나로 뭉친 보수·우파를 상속받아 대한민국의 정체성을 지키고 자유 대한민국을 지켜 왔다.

그런데 박근혜 탄핵 이후 궤멸되고 뿔뿔이 흩어진 한국 보수·우파를 안고 대선과 지방선거를 치렀던 나는 하나 된 보수·우파를 만들지도 못했고 국민들 마음도 얻지 못했다.

하나 된 보수·우파가 아니라 적보다는 아군끼리 서로 총질하는 이전투구 보수·우파를 안고서는 우리가 염원하는 세상을 만들지도 못할 뿐만 아니라 좌파 광풍 시대를 연장 시켜 주는 기막힌 현실을 만들어 갈 뿐이다.

밖에는 적이 있는데 우리끼리 안에서 서로 총질이나 일삼는 사람들을 보노라면 측은하기조차 했지만 나는 그것을 판단하는 것은 오롯이 국민들 몫이라고 생각하고 지난 대선과 지방선거를 치렀다. 그러나 기울어진 언론 운동장에서는 국민들에게 그러한 판단을 기대하기도 어려웠다.

선장의 총애를 받아 일등 항해사에 오른 사람들이 배가 난파

할 지경에 이르자, 선상반란을 주도하면서 선장 등에 칼을 꽂고 자기들끼리 구명정을 타고 배를 탈출했다.

그런데 그들의 기대와는 달리 모선은 난파되지 않고 선장을 다시 선출해서 정상적인 항해를 시작했다. 탈출했던 구명정에서 일부는 모선으로 돌아왔지만 망망대해를 떠돌고 있는 나머지 구명정 선원들은 적선을 향해 공격할 생각은 않고 오히려 의리를 지킨 모선 선원들을 향해 손가락질하면서 공격을 하고 있는 모양새다.

이때 가장 적합한 말이 적반하장이다. 아무리 정치가 비정해도 아무리 정치가 사악해도 그것은 도리에 어긋난다. 우리 국민들은 정서적으로 사람의 도리를 저버리면 절대 용서하지 않는다. 곧 태풍의 계절이 온다. 태풍이 오면 구명정으로는 살아날 수가 없다.

국회의원은 헌법기관이다. 헌법기관답게 천근과 같이 무거워야 된다. 그리고 원내대표 선출 때도 누가 대여투쟁을 잘할 것인가에 초점을 맞추어야 함에도, 원내대표 자리가 있지도 않은 계파 나누어 먹는 자리인 양 보도되는 것을 보고 아직도 언론은 우리 당이 이전투구하는 것을 바라는가 보다 생각했다.

패거리를 지어 다니다가 망한 정당이다. 이제 겨우 일어나려는 당에서 어부지리를 노리고 있지도 않은 계파 갈등을 부추겨 원내대표 선거에 나서려는 사람들을 보면 아직도 정신을 못 차렸다는 생각만 들 뿐이다.

더 이상 서로 총질하는 이전투구 보수·우파는 되지 않아야 한다. 박근혜 탄핵 때 누가 옳았나 하는 소모적인 논쟁은 이제 그만해야 한다. 탄핵을 막지 못한 친박이나 탄핵을 찬성한 비박이나 모두 공범인 공동책임이다. 자유한국당 혁신의 목적은 신보수 가치 정당으로 거듭나고, 부정적인 이미지를 제거하고 보수 대통합으로 보수·우파 재건에 그 목적이 있는 것이지 탄핵 분풀이에 있는 것이 아니다.

탄핵은 이제 돌이킬 수 없는 지난 역사가 되어 버렸다. 과거에 얽매여 미래를 어둡게 하는 것은 반대편만 이롭게 하는 이적행위일 뿐이다. 박근혜 탄핵은 이미 되돌릴 수 없는 흘러

가버린 역사이다. 또한, 잘못된 탄핵을 바로잡으려면 정권을 탈환해야만 가능한 일이기도 하다.

보수·우파의 재건

우리가 만들어 가야 할 지향점은 새로운 역사이다. 과거의 공과는 역사의 판단에 맡기고 서로 하나 되어 대한민국과 한국 보수·우파 재건에 한마음이 되어야 할 때이다. 우리는 해내야 한다. 과거에 숱한 어려움을 극복해 왔듯이 우리는 지금의 위기 또한 잘 이겨낼 것이라는 확신을 가져야 한다.

첫째, 단합해야 한다. 지금 우리에게는 외부의 적과 싸울 수 있는 최소한의 힘도 없다. 내부 총질은 안 된다. 자부자강(自富自强)해야 한다. 건강한 토론은 우리를 강하게 만들지만 기득권을 위한 주장은 분열과 파탄만 낳는다. 우리 모두 내려놓고 다시 시작해야 한다.

둘째, 혁신해야 한다. 점진적 변화로는 안 된다. 단칼에 환부를 도려낼 수 있는 과감한 혁신이 필요하다. 혁신에는 희생이 따른다. 육참골단(肉斬骨斷)의 각오로 우리 스스로를 혁신해야 한다.

셋째, 오직 국민만 보고 가야 한다. 국민은 정치의 수단이 아니라 궁극의 목적이다. 정책도 법률도 예산도 국민의 입장에서 생각하고 국민의 권익과 국가의 미래에 부합하는지 한 번 더 살펴봐야 한다.

넷째, 보수·우파의 가치를 바로 세워야 한다. 정치적 이익만 좇아 몰려다니는 권력 해바라기는 안 된다. 가치도 없고 이념도 없는 무능 부패 정당은 희망이 없다. 보수·우파의 가치를 바로 세우고, 이념과 가치에 따라 행동하고, 정치적 운명을 함께 해야 한다. 그것이 진정한 동지이다.

나는 오직 하나의 이유로 당 대표에 나섰다. 당이 어렵기 때문이다. 절체절명의 위기이기 때문이다. 내가 두려운 것은 우리의 선배들이 피땀 흘려 이룩한 고귀한 성과들이 권력에 의해 정략적으로 훼손되고 상처받는 것을 막아내지 못하는 것이다.

5.16 군사혁명 공약을 외우면서 국민학교를 다녔고, 10월 유신이 선포되던 해에 대학에 입학하여 한국적 민주주의를 공부하고 유신 반대를 외치면서 법과대학을 다녔다. 내 젊은 날의 기억은 온통 박정희 대통령의 공과만을 경험한 조국 근대화 시대였다.

박정희 대통령의 결기와 강단, 조국에 대한 무한 헌신은 존경했지만, 그 방법이 권위주의였다는 점에 대해서는 동의를 얻기 어려웠던 혼돈의 시대였다. 1979년 10월 서거 시 장례 행렬이 서울시청 앞을 지날 때, 군중 사이로 국화꽃으로 덮인 장례차를 보면서 한 시대가 끝났다고 생각했다. 그러나 그 후에도 암울했던 권위주의시대는 한동안 계속되었다.

1993년 문민정부가 탄생되고 대한민국의 민주화 시대가 활짝 열렸지만 우리는 민주주의 비용을 너무 과하게 치르는 자유과잉 시대를 맞아 눈만 뜨면 갈등으로 시작하여 갈등으로 하루하루를 보내는 갈등과 반목의 시대에 살고 있다.

제2부 질풍경초

박근혜 전 대통령 탄핵도 결국 갈등 조정에 실패한 비극적인 사건으로 나는 생각한다. 아버지의 역사적인 공조차도 깎아내리게 하는 비극적인 대통령으로 끝났다는 사실에 더더욱 가슴이 아프다.

나는 검사와 국회의원, 경남지사를 거치면서 매일매일 갈등 속에서 살아온 힘겨운 세월을 보냈지만 늘 어떻게 하면 갈등 조정을 원만히 하면서도 내가 맡은 사명은 충실히 수행할 수 있는지 숙고에 숙고를 거듭하는 시간을 보냈다.

숙고의 시간은 나로 하여금 대한민국 보수·우파를 재건하는 대장정에 착수하도록 했다.

출처 자유한국당

네이션 리빌딩(Nation Rebuilding)

대한민국을 리빌딩해야 한다

정치는 결과 책임이다

2011년 오세훈 당시 서울시장의 판단 착오로 시작된 무상급식 주민 투표는 1/3 투표 요건을 갖추지 못해, 투표함을 개봉도 못한 채 패배로 끝났다. 애초 오세훈 시장의 무상급식 주민 투표는 당이 적극 반대한 사안이었다. 공짜로 밥을 주냐 안 주냐를 투표하면 이길 수가 없는 투표인데, 그것을 투표로 결정한다는 것은 난센스였다.

뿐만 아니라 서울시장이 무상급식 예산을 편성하지 않으면

될 것을 왜 투표까지 하느냐는 것이 당의 일관된 주장이었다. 하지만 오 시장은 이를 끝까지 밀어붙였다. 당이 전면적으로 지원하기로 하는 대신, 만약 투표에서 지면 서울시장 사퇴를 10월 초에 함으로써 보궐선거를 이듬해 4월 총선 때 같이 하도록 약속했다.

그러나 오 시장은 무상급식 투표에서 패하자, 태도를 급변하여 바로 사퇴하겠다고 통보해 왔다. 당혹스러운 처사였지만 본인이 사퇴하겠다는데 도리가 없었다. 10월 보선은 한 달도 남지 않아 준비도 되지 않은 상황에서 황급히 치를 수밖에 없었다.

나경원 의원이 후보로 출마해서 선전했으나, 1억 피부과 진료 사건에 휘말려 제대로 변명도 못하고 참패하고 말았다. 그 과정에서 불거진 것이 소위 디도스 사건이었다. 나는 그때까지도 디도스가 무언지도 몰랐다. 언론에 대문짝만하게 기사화가 된 후에 디도스가 무엇인지 알았고, 그 사건 주모자가 최구식 의원의 운전 비서라는 사실도 그때 알았다.

야당의 공세는 집요했고, 국정조사와 특검까지 받아준 후에도 정국의 혼란은 계속되었다. 다음 해 총선을 앞두고 공천권이 걸린 친이계, 친박계에서도 이를 빌미로 지도부 사퇴를 주장했다. 그들은 은밀히 10인 '구당(救黨)' 위원회를 만들어 나를 당 대표에서 끌어내리는 작업에만 전념하기도 했다.

내가 당 대표로 계속 있으면 당 개혁을 빌미로, 계파와 상관없이 자신이 총선 불출마를 선언하면서 30여 명 이상을 낙천시킨다는 계획이 그럴듯하게 퍼졌다. 3선 이상의 의원은 낙천에서 아무도 자유스러울 수 없기 때문에 홍 대표 체제를 붕괴시켜야 한다는 주장이 나왔다. 여기에 청와대도 동조하였고, 최고위원이던 유승민, 남경필, 원희룡도 동조 사퇴를 해버렸다.

나는 아무런 상관없는 디도스 사건의 책임을 지고 2011년 12월 4일에 당 대표직에서 내려왔다. 그렇다. 정치 책임은 결과에 대한 무한 책임이다. 나의 잘못이 아니더라도 결과가 나쁘면 책임을 지는 것이 정치에서 말하는 책임이다. 사퇴하는 날 오전 청와대에 통보하고, 나 홀로 당사 대표실을 걸어서 나갔다. 늘 겪는 일이라 서운한 감도 없었다.

낙선 후 집으로, 다시 경남으로

나를 사퇴시키면 친이, 친박계가 골고루 비상대책위원으로 들어와 이른바 계파 나눠 먹기 공천을 할 것으로 예상했다. 하지만 박근혜 비상대책위원장이 대표가 되면서 당은 친박당으로 급속히 재편되어 갔다. 비상대책위원에 친이계는 한 명도 들어가지 못했고, 나의 사퇴를 주도하던 친이계는 닭 쫓던 개 지붕 쳐다보는 형국이 되어버렸다.

지역구인 동대문으로 돌아와, 정치를 마무리할 시점이 된 것 같다는 생각에 잠실 집으로 돌아갈 준비를 하고 있던 중, 공천신청도 하지 않았는데 전략 공천되었다고 하면서 다시 출마하라는 것이었다. 내가 있는 동대문을구에는 민주당 세가 강해 마땅한 후보감이 없었던 것이다.

동대문에서 3선을 하는 동안 중앙정치에 매몰되어 지역구를 돌아볼 겨를이 별로 없던 나는, 어차피 이번 선거는 MB 정권 심판론이 주류를 이룰 것이고, MB 정권 하에서 당 대표도 했던 나를 다시 선출해 주지는 않을 것으로 판단했다. 그래서

19대 총선기간 내내 그간 돌아보지 못했던 지역구를 샅샅이 도보로 돌아다니면서 이임 인사를 하는 기회로 삼았다.

세 번의 선거기간 동안 주민들에게 인사도 제대로 다니지 못했기 때문에, 상가마다 돌면서 그동안 감사했다고 이임 인사를 하고 떠나는 것이 도리라고 생각해서 왔다고 했다.

출구조사 결과, 나는 패배를 확인하고 바로 지구당위원장직을 사퇴하였다. 동대문 집도 정리하고 한 달 후 잠실 본가로 돌아왔다. 11년 만에 잠실 본가로 돌아온 것이다.

낙선한 뒤 이제 화해하자는 MB의 제의를 받아들여 미얀마, 태국지역 대통령 특사로 10일간 다녀온 후, 임시로 변호사 업무 재개 신청을 하였다. 처음 당해보는 낙선이어서 황망했지만, 미리 마음의 준비는 되어 있던 터라 동요하지는 않았다.

모 종편TV의 제의로 주말 이틀 홍준표 라이브 쇼를 진행하기로 약속하고 예고편까지 찍었는데, 느닷없이 김두관 경남지사의 사퇴로 경남도지사 보궐선거가 생겨 버렸다.

따뜻한 고향에서 봉사를

고향 경남으로 내려가서 내 정치 인생 마지막 봉사를 고향에서 할지에 대해 며칠 고심했다. 그러다가 민주당에 내어준 경남지사 자리를 되찾고, 마지막 정치 인생을 고향에서 마무리하기로 결정했다.

그렇게 시작된 경남도지사 보궐선거 출마는 친박들의 집요한 견제 아래 나 홀로 경선 준비를 해야 하는 어려운 처지에 빠졌다. 50년 만의 귀향이었다. 7살 때 고향 창녕 남지를 떠나 50년 만에 돌아온 경남은 그래도 나를 따뜻하게 맞아 주었다.

친박들의 집요한 방해와 경남 국회의원들의 비협조에도 불구하고 친박 후보를 물리치고 내가 경선에서 이긴 것이다. 그해 연말 대선과 같이 치른 경남도지사 보궐선거에서 나는

60%의 득표로 권영길 야권통합 후보를 물리치고 경남도지사로 선출되었다.

도지사 취임 후 10여 일 동안, 도정 현안 파악부터 먼저 하고 나서 향후 도정 방향을 정했다. '당당한 경남 시대'라는 구호를 내걸고 경남미래 50년 사업과 다음 임기 4년을 합해 5년 6개월 동안 채무 1조 3488천억의 절반을 갚겠노라고 약속했다.

행정조직을 개편하고 예산심사위를 만들어 예산 투입의 적정성을 심사해서 통과한 예산만 집행하기로 했다. 이른바 행정 혁신, 재정 혁신을 시작한 것이다.

개혁과 혁신, 그리고 미래

보궐선거 당선 직후부터 행정 개혁에 착수하여 재정점검단을 만들어 재정건전화정책을 제1순위로 정했다. 또 외부전문가들에게 경상남도 재정 상태의 진단을 맡겼다. 컨설팅 결과 경상남도 재정 상태는 파산 직전의 고통 상태라는 진단을 받았다.

그래서 행정 개혁과 재정 개혁에 나섰다. 그 결과, 당시 1조 3488억 원이던 채무를 보궐임기 1년 6개월과 재선될 경우 4년을 합해서 5년 6개월 안에 절반으로 줄이겠다는 공약을 무려 2년을 앞당겨, 그것도 50%가 아니라 100%를 3년 6개월 만에 모두 해결하는 쾌거를 이뤄낼 수 있었다.

이는 광역단체 사상 최초의 '채무 제로'였다. 행정 개혁, 재정 개혁 과정에서 반대 당사자들의 거센 저항이 있었으나 나는 밀고 나갔다.

행정 개혁 사안으로는 무분별한 선심성 사업폐지 3388억, 보조사업 재정점검 793억, 진주의료원 폐쇄 등, 경남도 산하기관 구조조정 615억, 복지누수 차단 588억, 낭비성 예산 구조조정 624억, 계약심사·설계변경심사 강화 322억, 지방세 회계감사 98억, 대형 건설공사 집행실태 감사 36억 등으로 행정 개혁을 통해 절감한 비용만 6464억 원이나 되었다.

재정 개혁으로는 거가대로 재구조화 1186억, 체납, 탈루, 은닉 세원발굴 1598억, 지역개발기금 효율적 운영 2660억, 비효율적인 기금폐지 1377억, 채무 조기 상환 이자절감 203억 등, 재정 개혁으로 절감한 예산이 7024억 원에 달했다.

그러나 복지예산은 취임초기 2조 178억 원에서 2016년도에는 2조 5319억 원으로 사상 최대로 증액했는데, 이는 전체 예산의 34.7%에 이르는 것으로 전국 광역단체 중 최고의 복지예산을 편성한 것이다.

SOC 사업은 줄어들기는커녕 경남 미래 50년 사업으로 사천의 항공 산단, 밀양의 나노 산단, 거제의 해양플랜트 산단 등 국가산업단지를 세 개나 동시에 유치하여 경남 미래 50년에 대비하였다.

'채무 제로' 정책을 추진하는 과정에서 대표적으로 진주의료원 폐업과 무상급식 파동이 지금도 논란거리가 될 정도로 전국적인 이슈로 부각되었으나 나는 괘념치 않고 추진했다.

청백리가 된 경남도 공무원들과 뜨거운 눈물

내가 경남지사로 4년 4개월 재직하는 동안 경남 혁신을 할 수 있었던 것은 윤한홍 행정부지사의 도움이 컸다. 원래 윤 부지사는 MB가 서울시장으로 재직할 때 서울시에 서기관으로 있다가 MB가 대통령이 되자 청와대 인사비서관실로 옮겨 MB 정권 내내 청와대에서 인사를 담당하면서 1급 행정자치비서관이 되어 있었다.

2012년 12월 경남도지사 보궐선거에서 내가 당선되자, 당시 기재부 장관과 대통령 비서실장이 연락해 와서 행정부지사로 윤 부지사를 추천하였다. 얼굴을 본 일도 없었지만 두 사람이 추천하면 믿을 만하다고 보고 즉각 승낙했다.

2013년 1월 1일 경남도지사 사무실로 와서 부임신고를 했는데, 처음 본 인상은 참 단단하고 야무진 사람으로 보였다. 재임 중 하나도 유치하기 어려운 국가산업단지를 3개나 유치하고, 진주의료원 파동, 무상급식 파동을 무사히 넘길 수 있었던 것도 모두 윤 부지사의 치밀한 계획 때문에 성공할 수 있었다.

박근혜 정권이 들어서자 공직 퇴직을 눈앞에 두고 있던 그가 나를 만나 둘이 합심하여 경남의 혁신을 이뤄낸 것이다. 그리고 나는 광역단체 사상 처음으로 '채무 제로'를 달성했다. 그는 지금 마산 회원구 국회의원으로 의정활동을 하고 있다. 전형적인 관료인 그가 앞으로 대한민국 정치인으로 더 크게 성장할 수 있으면 하는 바람이다.

나와 함께 성실히 도민을 위해 일해 준 경남도 공무원들에게도 무한히 감사한 마음을 가지고 있다. 처음 도정을 인수할 때는 전국 꼴찌였던 경남도의 청렴도가 전국 1위로 급상승했고, 재직 중 부정비리 사건 없이 깨끗이 공무를 수행해 주었다. 경남지사를 사퇴하는 날 지난 4년 4개월 동안 고락을 같이 한 공무원들의 헌신에 감사를 표하면서 펑펑 울었다. 1996년 4월 어머님이 돌아가시던 날 울고 20년 만에 흘린 눈물이었다.

어쩔 수 없이 경남지사를 사퇴하게 된 배경은, 박근혜 대통령 탄핵이 인용되고 대통령 보궐선거가 확정되면서 보수·우파 진영 후보로 거론되던 반기문 전 유엔사무총장이 22일 만에 불출마 결정을 하는 바람에 보수·우파는 곤혹스러운 처지에 놓이게 되었기 때문이다. 비록 탄핵을 당한 정당이지만, 보수·우파의 본산인 자유한국당에 마땅한 후보가 없다는 사실은 자칫하면 거대 정당이 문을 닫을 수도 있는 상황이었다.

윤한홍 의원으로부터 자유한국당 비대위에서 당원권 정지를 풀어달라는 요청서를 제출해 달라는 연락을 받았다. 당시 나는 성완종 메모사건으로 당원권이 정지된 상태였다. 일단 윤 의원이 내 이름으로 당원권 정지 해제 요청서를 당에 제출하도록 하였다.

비대위에서 대법원 확정판결 때까지 당원권 정지를 정지한다는 결정이 내려지자 나는 대선출마 여부를 고민하지 않을 수 없었다. 어차피 이번 대선은 문재인의 대선이 될 수밖에 없지만, 거대 정당에서 후보를 내지 않을 수 없는 상황이라면 나라도 출마하는 것이 도리가 아니겠는가 하는 주위의 권고도 있어, 승리하기 어려운 선거인 줄 알면서도 출마를 결심하게 되었다.

대선에 출마하게 되면 경남지사직을 사퇴해야만 했다. 그런데 4월 10일 이후 사퇴하면 보궐선거를 안 해도 되었다. 고생고생해서 '채무 제로'를 만들었는데, 나로 인해 안 써도 되는 수백억의 도민 세금을 보궐선거 비용으로 쓴다는 것은 도리가 아니라는 판단이 들었다.

그래서 나는 선거운동 제한의 불이익을 감수하고 4월 10일 이후 사퇴하기로 결정하였다. 민주당은 꼼수사퇴라고 비난했지만, 도민의 세금 절약 차원에서 나는 사퇴시기를 늦추기로 결정했다. 대선 당시 민주당과 언론 등에서 홍준표의 꼼수라는 비난을 받았다. 그러나 나는 지금도 같은 상황이 오면 똑같은 결정을 할 것이다.

검사와 국회의원, 경남지사를 통해 입법, 사법, 행정직을 모두 경험한 나는 앞으로 네이션 리빌딩(Nation Rebuilding)운동에 주력할 것이다. 지금 소위 보수·우파 정당의 몇몇 의원들은 세상의 흐름은 외면하고 서로를 비난하며 제 살 깎아내리기에만 열중하고 있다. 서로 힘을 합쳐 난파선을 보수할 생각은 하지 않고, 난파선 키라도 서로 차지하겠다는 욕심으로 가득하다.

좌파들로부터 탄핵당하고 국민들로부터 탄핵당한 것도 모자라서 국정 실패의 책임이 있는 이들이 작당하여 한국 보수·우파 정당을 막장으로 몰아갔다.

1979년 10월 YS 제명을 주도한 차지철의 공작에 놀아난 일부 야당 프락치들의 비참한 말로같이 되지 않도록, 1985년 2월 총선 때 민한당 꼴이 되지 않도록, 이제라도 합심하여 네이션 리빌딩에 나서야 한다. 안보와 경제가 파탄에 이른 지금 대한민국을 위해 모든 것을 내려놓고 힘을 합쳐야만 그나마 그동안의 잘못을 용서받는 마지막 기회를 찾을 수 있을 것이다.

얼마 전 '프리덤코리아'와 'TV홍카콜라' 도메인 등록을 했다. 우리가 추진하는 프리덤코리아는 사분오열되고 흔들리는 이 나라 보수·우파들의 중심축이 되고자 하는 것이지 일부에서 추측하는 자유한국당 전당대회나 겨냥하는 작은 목표가 아니라는 점을 분명하게 밝힌다.

앞으로 프리덤코리아는 미국 헤리티지 재단처럼 한국 보수·우파의 싱크 탱크이자 이 땅의 자유민주주의와 시장경제를 지키는 첨병이 될 것이다. 전국에 흩어져 있는 뜻있는 정책 전문가들을 모시고 네이션 리빌딩 대장정을 시작할 것이다. 아울러 TV홍카콜라는 기울어진 언론 운동장에 기대지 않고 국민들에게 직접 호소하는 방식으로 여론을 만들어갈 것이다. 제대로 된 네이션 리빌딩 국민운동의 수단들이다.

정치는 프레임 전쟁

우리가 만든 프레임으로 다시 시작

MB와의 만남

MB를 알게 된 것은 1996년 초선의원 시절 MB 선거법 위반 사건으로 전국이 떠들썩할 때이다. 그때 MB와 의원회관에서 만나 자신의 선거법 위반 사건에 대해 장외변론을 해달라기에 대한민국 샐러리맨의 우상이고 모교의 우상이었던 MB의 부탁을 흔쾌히 수락하지 않을 수 없었다.

그 당시 MB는 우리 시대의 영웅이었다. 때 이른 대선 출마 발언으로 YS로부터 미운털이 박혀서 구속 직전까지 갔던

MB를 불구속기소 하도록 막아 준 일을 시작으로 인연이 되어, 정치 휴지기인 워싱턴의 7개월의 유랑 세월은 암담했던 시절에 그나마 서로를 위로하던 행복한 시간이었다.

1999년 귀국하여 나는 국회로 재입성하고 MB는 서울시장에 복귀할 때까지 긴밀한 관계를 유지하다가 2006년 서울시장 경선 때 MB가 나를 배제하고 오세훈 후보를 경선 직전에 선택하는 바람에 서로 소원해졌다.

그러다가 대선 경선을 앞둔 2006년 12월에 다시 만나 도와주기로 하고 2007년 대선후보 당내 경선 때 이명박, 박근혜의 중재자로 대선 경선에 나가 당의 파국을 막았다. 대선 때는 MB 최대 아킬레스건이었던 BBK 사건 방어팀장을 맡았다. BBK 사건은 이번에 문제가 된 DAS와는 다른 사건이다.

지금에야 인정받는 한미 FTA

대통령이 된 후에도 MB의 요청으로 원내대표를 맡아 그 당시 혼미했던 광우병 파동을 돌파했고, MB 정책의 기반을 마련해 주었다. 노무현 정권 말기에 추진한 정책이었던 한미 FTA를 MB 정권이 이어받아 추진하던 중에 제동이 걸린 것이 이른바 광우병 파동이다.

2008년 MB 정권 초기 광우병 사태 때 좌파들은 미국산 쇠고기를 광우병 프레임으로 상징 조작을 하여 대한민국을 혼란에 빠트렸고, MB를 '쥐박이'라고 조롱하였다.

차후에 광우병 파동은 거짓으로 밝혀졌지만 한미 FTA는 민주당의 반대로 국회에서 계속 공전되었다. 박진 통일외교통상위원장에 이은 남경필 위원장이 밤낮으로 협상을 계속해도 민주당은 꿈쩍도 하지 않았고, 원내대표도 워낙 온순한 분이라서 한미 FTA 비준은 차일피일 시간만 흘러갔다.

원내대표와 통외통위원장을 불러 앞으로 원내 지휘는 당 대표인 내가 직접 하겠다고 통보하고 직권상정으로 본회의에서 통과시키기로 계획을 짰다.

민주당 모 의원 출판기념회를 하는 날, 그 시각에 처리하기로 하고 의원들을 예결위원 회의장에 모이게 한 후, 전격적으로 본회의장에 들어가 정의화 국회부의장의 사회로 한미 FTA를 본회의에 상정, 처리했다. 민주노동당 의원이 본회의에서 최루탄을 터트리는 불상사를 일으켜 그날 본회의는 자욱한 최루탄 연기 속에서 처리되었다.

그때 민주당은 자신들이 집권하면 반드시 한미 FTA를 개정하겠다고 하면서, 나를 매국노 이완용이라고 소리 높여 비난했다. 그런데 문재인 정권에 들어와서 한미 FTA는 미국의 요구에 따라 오히려 개악이 되었는데도 그들은 자신들의 공약에 대해 아무런 말이 없다. 국민들도 잊어버렸는지 말이 없고 언론도 말이 없다.

이미지 조작

좌파들의 상징조작, 이미지 조작은 가히 상상을 초월한다. 이명박 정권 초기 광우병 사태나, 한미 FTA처럼 박근혜 정권 때는 박근혜 전 대통령을 '닭근혜'라고 상징 조작을 하는 가 하면, 청와대에서 굿을 했네, 세월호 7시간 동안 불륜을 저질렀네 하는 등 온갖 추잡한 상상력을 동원하여 국민들의 정서를 가짜뉴스로 조작하고, 몹쓸 여자로 만들어 탄핵하고 구속했다.

지난 대선 때는 2005년에 내가 쓴 '나 돌아가 싶다'라는 참회록 속에 나오는 유년 시절부터 그때까지 내가 잘못한 60여 가지 중 대학교 1학년이던 18세 때 하숙집에서 있었던 돼지 흥분제 이야기를 마치 내가 성범죄를 저지른 것인 양 몰아세웠고, 심지어 강간 미수범이라고까지 덮어씌워 지금까지 계속 공격하고 있다.

46년 전에 있었던 그 돼지 흥분제 사건은, 같이 하숙하던 타 대생들이 자기 친구를 위한답시고 벌인 사건이다. 내가 그걸 듣고도 말리지 못해 잘못했다고 참회한 것을 마치 내가 직접 한 것인 양 이미지를 조작하여 걸핏하면 돼지 발정제 운운하며 나를 몰아세우고 있다.

이미 그 사건은 2005년에 그 책의 내용에 대해 당시 출입 기자들에게 설명하여 이해가 되었고, 그 책 출간 당시 수만 부가 팔렸어도 아무런 문제가 되지 않았다. 이미 검증이 끝난 문제였는데 그걸 지난 대선 막바지에 들고나와 거짓으로 나를 성범죄자로 몰았다. 만약 내가 그 성범죄를 저질렀다면 상식적으로 그 내용을 책에 쓸 리가 있겠는가? 그들은 너무나 쉽게 인격살인을 저지른다.

위선과 거짓

지난 대선 막판에 내가 급속히 치고 올라가니까 막말 프레임과 돼지 발정제로 좌파 진영과 드루킹 등 여론 조작팀이 나를 몹쓸 사람으로 만들었다. 더구나 당내 일부 인사들까지 그 이후 보수의 품위 운운하면서 이에 동조하는 것을 보고 나는 경악을 금치 못했다.

나는 검사 시절부터는 스캔들을 피하기 위해 또 조폭들에게 약점을 잡히지 않기 위해 행동거지를 조심하고 살았다. 정치를 시작하고 난 뒤에는 내 차에는 집사람 외 그 누구라도 여성을 태우지 않을 만큼 신경을 썼던 사람이다. 내가 검사나 정치를 하면서 저격수를 하고 적이 많았기 때문에 오해나 스캔들이 일어날 수 있는 소지는 애초부터 없애려고 노력했기 때문이다.

거짓으로 정치를 하면 종국에 가서는 거짓이 탄로 나 스스로 몰락하게 된다. 지금 좌파들은 위선과 거짓으로 나라를 끌고 가고 있지만 오래가지는 않을 것으로 나는 본다. 사필귀정이라는 옛말이 헛된 말이 아니라는 것을 뼈저리게 느낄 때가 반드시 올 것이다.

프레임 전쟁

나는 상대방들이 합작하여 만드는 프레임에 흔들리거나 대꾸하지 않는다. 생각 없이 함부로 말한다는 막말 프레임도 반대세력이나 우리 당의 극히 소수인 핵심 반대자들이 나를 매도하기 위해 만든 프레임이라는 사실을 누구보다 잘 알기 때문에 나는 일일이 대꾸하지 않는다. 맞는 말을 하니 충격이 커서 할 말이 없으니 막말이라고 공격하는 것이 아닐까.

정치는 프레임 전쟁이다. 나는 내가 만든 프레임으로 정치를 하지 상대방이 만든 프레임에 갇혀 허우적대지는 않는다. 성인군자도 정치를 하면 모함과 질시를 받는다. 그러나 거기에 함몰되면 정작 내가 해야 할 일이 위축되기 때문에 나는 그런 일에 괘념하지 않는다.

상대방의 프레임에 갇혀 이를 해명하는 데 급급하다 보면 이길 수 없는 전쟁이 된다. 탄핵과 대선 때는 국정농단 프레임에 갇혀 있었고, 지방선거 때는 적폐 청산과 위장 평화 프레임에 갇혀 있었다. 앞으로 총선 때는 연방제 통일 프레임이 등장할 수도 있다.

우리가 만든 프레임으로 다시 시작해야 한다. 저들의 프레임에 다시는 말려들지 말아야 한다. 저들은 정치를 퍼포먼스로 하는데 우리는 리얼리티로 정치를 했다. 진실이 가식을 이기지 못했다. 그러나 가식은 본질이 곧 드러나게 된다. 영원히 숨겨지는 가식은 없다.

정권 교체 킹메이커

행복한 페이스메이커이자 피스메이커

동대문을 통해 여의도 복귀

1999년 의원직을 사퇴하고, 미국에 갔다가 11월 말 귀국하여 변호사 사무실에 나가긴 했으나 변호사 활동은 직만 걸어놓고 독서하는 시간으로 대부분을 보냈다. 이듬해 4월 총선에서 한나라당은 사실상 승리하는 결과를 거두고, DJ와 이회창 간의 여야 영수회담에서 이 총재는 나의 사면복권을 요구하여 관철시켜 주었다.

그해 8.15 특사로 나는 MB와 함께 복권되었고, 2001년 8월에 가서야 이 총재의 권유로 지역구를 동대문으로 옮겨 그해 10월 보궐선거를 치렀다. 선거무효 판결을 받은 민주당 허인회 후보에게는 미안한 일이지만, 동대문으로 간 지 한 달 만에 치른 보궐선거에서 무난히 당선될 수 있었다. 2년 6개월 만에 국회로 다시 복귀한 것이다.

재선의원이 되어 국회로 돌아왔어도 나는 여전히 저격수 역할을 할 수밖에 없었다. 그 당시에는 그것이 내 특기였고, 내가 잘할 줄 아는 것은 그것밖에 없었다. 이 총재가 내게 요구한 것도 대여투쟁의 선봉장 역할이었다.

국정감사 때는 현안이 있는 부서마다 하루에 위원회를 세 곳이나 옮기면서 대여 공격수 역할을 했고, 국정감사가 끝날 때는 10여 곳 이상 상임위원회를 오전 오후로 나눠 다니면서 공격수 역할을 했다. 그 후 나로 인해 국회법이 개정되어, 상임위를 옮길 때 이제는 한 달 이상 그 상임위에 있어야 하는 것으로 바뀌었다.

익숙한 비상체제

이회창 총재 시절에, 이 총재는 나에게 그 흔한 당직 하나 주지 않았다. 총재 정치특보, 법률특보가 전부였다. 이 총재를 매몰차게 글로 비판한 것이 마음에 들지 않았는지, 이 총재가 한나라당을 지배한 7년 동안 나는 당직 없는 저격수 노릇만 충실히 해야 했다.

2002년 12월 대선도 병풍공작으로 우리는 실패하고, 최병렬 대표 체제가 들어섰으나 차떼기 파동으로 한나라당은 궤멸 직전까지 갔다. 당은 비상체제로 들어갔다. 나는 대여전략, 기획, 검찰수사, 홍보까지 총괄하는 임시 당직인 전략기획본부장을 맡아 이재오 사무총장과 내가 최병렬 대표를 모시고 임시로 꾸려가는 비상체제가 되었다.

매일 계속되는 대선 불법자금 수사로 당은 차떼기 당으로 전락해 버렸고, 우리는 이를 극복하기 위해 밤낮없이 뛰었다. 자신감을 회복한 노무현 정권은 DJ당인 민주당을 버리고 열린우리당을 창당하면서 한국정치는 다시금 안갯속으로 휘말려 들어갔다.

여권의 분열로 그대로 총선을 치르면 우리가 압승하는 것은 불문가지였으나, 노무현 대통령의 숨은 노림수가 있었다는 것은 아무도 예상하지 못했다. 그것은 탄핵유도였다.

깊은 늪에 빠지다

노무현 대통령은 열린우리당의 참패가 예상되자 연이은 선거 중립의무를 위반하는 발언을 계속하여 탄핵을 유도하게 된다. 당시 한나라당 내부에서는 탄핵소추를 하고 대통령 보궐선거를 하자는 지도부의 판단이 있었으나, 나는 총선 이후에 탄핵을 하자고 계속 반대하는 입장이었다.

탄핵없이 총선을 치르면 열린우리당은 전국적으로 10석도 건지지 못할 것이고, 한나라당과 민주당, 자민련이 2/3 의석을 차지할 것이므로 그때 가서 탄핵해도 늦지 않다고 했다.

그런데 돌발사태가 터졌다. 노무현 대통령이 자신의 형인 노건평에게 뇌물을 준 대우건설 남상국 사장을 공개 비난한 것이 빌미가 되어, 모욕을 참지 못한 남상국 사장이 마포대교에서 투신자살을 한 것이다.

탄핵에 미온적이던 JP까지 노무현 대통령을 몹쓸 사람이라고 비난하면서 돌아섰고, 탄핵은 2/3를 훨씬 넘긴 압도적인 표 차로 가결되었다.

정동영, 천정배 의원의 울부짖음까지 흡수해 버린 본회의장은 아수라장이 되었다. 탄핵이 가결된 그날 이후 사흘 동안 공중파를 통해 하루 17시간씩 부당성을 홍보하자 국민들은 일시에 노무현 동정론으로 돌아서 버렸다.

그때 나는 그 현상을 보며, 제갈량의 유인에 넘어가 상방곡으로 들어간 사마의를 떠올렸다. 노무현 대통령은 자신을 버리는 승부를 늘 해 왔다는 것을 우리가 간과했던 것이다.

대화가 사라진 정치

탄핵의 광풍으로 한나라당 지도부는 무너지고 박근혜 비상대책위원장 체제가 들어섰다. 박근혜 비상대책위원장은 차떼기와 탄핵으로 무너진 당을 일으켜 세우기 위해 천안연수원과 여의도 당사를 국가에 헌납하고 천막당사를 세워 총선에 대비했다.

박근혜 비상대책위원장이 들어오기 전, 나와 김문수 공천심사위원장 주도로 중진의원 30여 명의 불출마선언을 이끌어내고 대대적인 공천물갈이 작업을 단행했다.

새로운 정치신인들이 대거 공천되었으나, 탄핵 후유증으로 전국적으로 10석도 건지지 못할 것 같은 여론의 역풍 속에 치러진 17대 총선에서, 한나라당은 127석 당선이라는 기사회생의 성과를 올릴 수 있었다.

그러나 대한민국 국회에서 여야 간의 대화가 사라지기 시작한 것은 이때부터라고 기억된다. 그전에는 아무리 여야 간

경색이 있어도 물밑대화로 정국을 풀어 나갈 수 있었는데, 속칭 '탄돌이'들이 국회에 대거 입성하고 운동권 원리주의자들이 국회 주류를 이루면서 여야의 대화는 사라졌다.

국회 목욕탕에서 만나도 서로 인사하는 법도 없고 오로지 상대방을 없어져야 할 악으로만 규정하고 자신들만 옳다는 운동권 원리주의자들의 국회가 되어 버린 것이다.

행복한 페이스메이커

이후 17대 대통령선거를 앞두고 나는 고민에 빠졌다. 당내에서는 박근혜 후보와 이명박 후보가 대립하는 가운데 친이, 친박으로 갈라져 있었고, 나는 두 후보 가운데 누구도 지지할 수 없는 묘한 입장이 되어 버렸다.

나는 당연히 이명박 후보를 지지해야 했다. 이 후보는 워싱턴 시절 이래 같은 뜻을 갖고 서울시장 출마 시절부터 밀어주었지만, 1년가량 후임 서울시장으로 나를 밀어주기로 하더니 불과 20여 일을 앞두고 오세훈 후보로 말을 갈아탄 전력이 있어, 나는 이명박 후보가 신의 없는 사람이라고 판단하고 있었다. 또한 박근혜 후보는 아버지의 후광으로 정치하는 사람이라고 보았기 때문에 다소간 불편한 느낌이 있었다.

2007년 12월 31일, 라마다르네상스 호텔 일식집에서 MB를 만났다. 우린 저녁 식사를 하면서 극적으로 화해를 하고 MB를 밀기로 약속했다. 그러나 MB캠프에서 이미 자리를 잡아버린 주요한 인사들이 내가 들어오면 캠프를 떠나겠다고 하는 바람에 MB가 캠프에 들어오지 말고 밖에서 도와달라고 했다.

그 정보를 들은 박근혜 후보가 한번 만나자기에 국민일보 빌딩 12층에서 만나보니, 자기 캠프 총괄본부장으로 와서 도와달라는 것이었다.

"모든 사람들이 나를 이명박 패거리로 알고 있습니다. 지도자급의 배신은 정치적 선택으로 치부될 수 있지만, 지도자급이 아닌 사람의 배신은 그야말로 정치적 배신자가 됩니다.

제2부 질풍경초

홍준표가 배신자가 될 수는 없습니다. 양해해 주십시오."

박근혜 후보는 의외로 그 말 한마디에 알았다고 하고 헤어졌다. 이회창 총재 시절에도, 박근혜 대표 시절에도, 이명박 대통령 시절에도 나는 계보에 속하지 않았다. 그것은 국회의원으로서 자존심 문제였다. 헌법기관인 국민의 대표가 계파보스의 하수인 노릇을 한다는 것은 국회의원으로서 자존심이 허락하지 않았다.

당시 두 후보의 경선은, 경선 룰부터 싸움이 시작되어 경선이 깨어질 정도로 대립이 극에 달하고 있었다. 이러다 당이 두 조각이 나는 것 아닌가 하는 우려가 팽배한 가운데, 나는 페이스메이커를 자처하면서 피스메이커도 해보겠다며 대통령 후보 경선레이스에 뛰어들었다. MB 진영에는 자문교수단이 1천 명이고, 박근혜 진영에는 5백 명일 때, 나는 나 홀로 경선에 뛰어들었다.

정권 교체 킹메이커

박근혜 후보가 BBK 사건을 비난하면서 MB를 도둑이라고 했을 때, MB는 돈이 많은 사람이지 도둑은 아니라고 옹호했다. 또 MB측에서 최태민 사건을 이야기했을 때, 쩨쩨하게 군다고 옹호해 주었다.

MB가 운하를 한다고 했을 때 "운하에서 배가 뒤집히면 부산, 대구 사람들은 생수를 먹어야 하나."라는 한마디에 운하 계획은 좌절되고 4대강 보로 전환하게 되었다. 내가 연설대에 올라가면 양 진영에서 모두 자기들 편이라고 하는 바람에 박수는 제일 많이 받았다.

표는 받지 못했지만 페이스메이커로서, 피스메이커로서 내 역할은 충실히 한 그런 대통령 후보 경선이었다. 내가 만든 혁신안 덕분에, MB는 필드에서는 졌지만 여론조사에서는 이겨 17대 대통령 한나라당 후보로 선출되었다.

10년 만에 다가온 정권교체 기회에 우리는 들떠 있었고, MB

를 중심으로 2007년 12월 대선에 몰입하였다. MB의 요청대로 BBK 방어팀장을 맡아 치른 17대 대통령선거는 MB의 절대적 우세 속에서 BBK 사건의 향배가 대선승부를 가른, 이른바 BBK 대선이었다.

소위 BBK 사건

내가 BBK 팀장을 맡게 된 것은 그로부터 7년 전으로 거슬러 올라간다. 2000년 초 워싱턴 생활을 마치고 귀국했을 때, MB가 'L.K e-BANK'를 설립하겠다고 나에게 말한 일이 있었다. 그 당시로서는 생소했던 전자은행을 설립하겠다고 했을 때, 곧 서울시장 출마를 준비해야 하는데 새로운 사업을 한다는 것은 옳지 않으니 하지 말라고 권유했다.

같이 하겠다는 사람이 코넬 대학 출신의 재원이며 재미교포인데, 아주 똑똑한 친구라기에 나는 어쩐지 꺼림칙하여 동업하지 말라고 했다. 한국에서의 이명박의 명성을 이용하여 그 신용으로 사업을 해보려는 냄새가 물씬 풍겼기 때문이다.

그런데 그 후 잊어버리고 있는데 7년 뒤인 2007년 대선 경선을 앞두고 그 사건이 불거지기 시작했다. 한나라당 대선 경선에서도 이는 큰 논쟁이 되었고, 본선에서도 초미의 화제가 되어 있었다.

MB에게 직접 물어보기도 곤란하여 나는 아예 무의 상태에서 사건을 객관적으로 선입견 없이 대리하기로 하고, 20여 명의 전문가들과 함께 민주당과 증거에 의한 공방만을 하기로 했다.

그해 대선은 BBK로 시작해서 BBK로 끝난 대선이었다. 그 와중에 나도 피소되고 MB는 대통령 당선 직후부터 BBK 특검까지 받아야 했다.

온갖 억측이 있었으나 김경준은 옵셔널벤쳐스 주가조작 사기혐의로 대법원에서 7년 형을 확정받았고, MB는 법적으로 무관함이 입증되었다. 실체적 진실은 MB와 김경준만이 알 것이다. 하지만 법률적으로 MB는 무관한 것으로 결론이 났다.

제2부 질풍경초

나는 그 사건의 진실을 아직까지 MB에게 물어본 일이 없다. 물어봐도 말해 주지도 않을 것이고 괜히 두 사람 사이만 갈라지게 할 뿐이니까. 나는 확정된 대법원 판결만 믿기로 했다.

물은 배를 띄울 수도,
뒤집을 수도 있음

제3부

수가재주 역가복주
水可載舟 亦可覆舟

TV홍카콜라(www.tvhongkacola.com)

페이스북에 쓰는 글은 내 인생의 기록이자 내 생각을 정리하여
후대에 남기는 개인 실록이자 국민과 직접 소통하는 방법이기도 하지만
더 중요한 것은 제도권 언론의 편향성을 극복하기 위해서다. 트럼프는 트위터 하나로
반트럼프 진영의 모든 언론을 상대한다. 이제 우리도 그런 시대가 도래했다.

새로운 프레임으로 소통

언론의 편향성을 타개한다

TV홍카콜라

'TV홍카콜라(www.tvhongkacola.com)'가 2018년 12월 초순에 시험방송을 거쳐 12월 중순에 개국했다. 지난 7월 미국으로 가기 전부터 4개월을 기획하여 이번에 시작했다. 기울어진 언론 환경을 타개하기 위하여 처음 시도하는 뉴스 브리핑 코너 '뉴스콕'은 어용 방송, 어용 언론에서 자행되고 있는 왜곡되고 부당한 편파 뉴스, 가짜 뉴스를 바로잡는 샤크 언론의 역할을 맡게 될 것이다.

미국의 변호사 업계에서는 변호사 잡는 변호사를 샤크 변호사라고 한다. 그것을 벤치마킹해서 추진하고자 하는 것이 뉴스 브리핑, 샤크 언론 코너이다. 가능하면 일방적인 원맨쇼 형식을 탈피하고 공중파나 종편의 뉴스 형식으로 유튜브를 만들고자 한다.

일주일에 두 번 화, 금에 방송하는 것을 원칙으로 하고 필요할 때는 생방송 중계도 예정하고 있고, 좌파 정권의 잘못된 국정 운영을 각계 전문가들과 함께 수준 높게 진단하고 국민들에게 알릴 것이다. 새롭게 출발하는 'TV홍카콜라'에서 속 시원한 청량감과 진실을 보여 주려 한다.

언론의 기능은 팩트를 보도하여 국민의 올바른 판단을 유도하는 것이다. 그런데 박근혜 전 대통령 탄핵 때부터 언론은 팩트 보도보다 자신들이 바라는 방향으로 사건이 전개되기를 바라는 이른바 경향성 보도로 바뀌기 시작했다.

좌파 언론을 중심으로 진행되다가 다른 언론에도 전이되고 있는, 소위 자신들이 바라는 추측을 사실이라고 보도하는 행태가 이제 단단하게 자리를 잡아가고 있는 모양새다. 한국 언론의 현주소가 아닌가 싶다.

팩트 해석도 자신들의 바람에 맞추어 해석한다. 또 그것을 정당화시키기 위해서는 익명의 측근을 동원하기도 한다. 최근에도 언론은 팩트 보도보다 경향성 보도라는 태도를 버리지 않고 있고 종편은 종일 편파 방송만 하는 듯하다. 우리가 언론을 기울어진 운동장이라고 하는 이유도 바로 여기에 있다. 어쩔 수 없이 대국민 소통 수단으로 유튜브라도 해야겠다는 결론에 도달했다.

TV홍카콜라를 개국하는 것도 이 나라 방송을 믿지 못하기 때문이다. 한때 시청률 40%에 이르던 공영방송의 뉴스가 10% 이하로 떨어지고 어느 공영 방송은 뉴스 시청률이 1%라고도 한다. 신문 구독 부수도 날로 떨어지고 있고, 어느 신문은 구독자 수가 절반으로 떨어져 사실상 경영상 어려움을 겪고 있다고도 한다.

언론의 편향성

정부·여권 기사는 겁이 나서 함부로 못 쓰고 힘없는 야당 기사는 아무리 자기들 마음대로 작문을 해도 별문제가 안 된다고 보는 걸까. 지난 대선 때 문재인-안철수 양자 구도를 만들기 위해 의도적으로 나를 대선 끝날 때까지 군소 정당 후보로 취급한 일들이 생각이 난다.

또 최근 페이스북에 경제 민주화에 대한 글을 썼다. 그것은 지난 30년 동안 잘못 알고 있던 경제 민주화에 대한 일반의 인식을 바로잡기 위한 것이었다. 언론에서는 이를 보도하면서 헌법 제119조 제1항 경제 자유화가 제119조 제2항 경제 민주화보다 앞에 있다는 것을 이유로, 내가 경제 자유화가 우선한다는 글을 썼다는 식으로 기사를 왜곡한 것을 보고 아연실색을 했다.

법조문은 원칙과 보칙, 또는 예외를 기술할 때 원칙은 앞, 또는 본문에 쓰고 보칙과 예외는 그다음, 또는 단서에 쓴다는 기본 원칙도 모르고 무지하게 기사를 작성하는 것이 한국 언론의 현주소인 상황에서 나는 국민과 직접 소통하기 위해서라도 페이스북을 사용하지 않을 수 없다.

MBN에서는 내가 류여해 전 최고위원을 수년간 성희롱했다고 보도를 한 적이 있다. 류 전 최고위원을 안 것은 지난 4월 대선 때 한 방송에 출연할 때부터인데 어떻게 수년간 성희롱을 했다는 보도를 할 수 있는가?

나는 정치 활동을 하면서 단 한 번도 성희롱 발언을 한 일도 없고, 성희롱으로 구설에 오른 일도 없다. 최고위원회에서 내가 그런 말을 했다면 한 번이라도 확인해 보고 기사를 써야지 어이없는 짓으로 당으로부터 제명당한 사람이 하는 말을 여과 없이 하는 보도 자체도 참으로 유감이다. 그렇다고 내가 그 사람을 상대로 진실게임을 하겠는가. 나를 이런 식으로 음해하는 가짜 언론은 더 이상 두고 볼 수가 없다.

나는 내 아내와 42년 전인 1976년 10월 30일 처음 만난 후 지금까지 내 아내가 이 세상에서 제일 예쁘고 아름답다고 생각하면서 살아온 사람이다. 36년 공직 생활을 하면서 단 한 번도 여성 스캔들이 없었던 것도 내 아내에 대한 소중함 때문이었다.

정치를 하다 보면 온갖 음해가 난무하지만 이런 음해를 듣는다는 것은 참을 수 없는 모욕이다. 아무리 사이코패스가 난무하는 정치판이지만 더 이상 이런 음해는 참지 않을 것이다. 정정 보도문을 보니 참 가증스럽다. SNS에만 가짜 뉴스가 있는 것이 아니라 종편에도 가짜 뉴스가 범람하고 있다.

한 조간신문에도 어이없는 내각제 개헌 관련 기사가 난 적이 있다. 무슨 의도로 그런 허위 기사를 작성했는지는 모르겠으나 그건 전혀 사실이 아니다. 내각제도, 지방선거와 동시 개헌도 전혀 사실이 아니다. 나는 당의 헌정특위위원과 개헌 관련 논의를 그 당시까지 단 한 번도 한 일이 없었다. 최소한 팩트는 확인해 보고 기사를 써야 했다.

지난 지방선거 때는 일부 언론이 제1야당인 자유한국당을 2등 싸움을 하고 있는 양 내몰았다. 선거운동은 2등을 바라고 하는 것이 아니다. 지난 대선 때는 더했다. 3등 후보를 띄우기 위해 2등 후보는 아예 언론에 언급조차 안 한 적이 많았고 기사 배치도 교섭단체별로 한 것이 아니라 자기들 임의로 조작하여 배치했다. 우리는 1등 하기 위해서 여당 상대로 선거를 준비한 것이지 위장 야당과 싸우기 위한 것은 아니었다.

포털도 예외는 아니다. 사실 그동안 네이버가 우파 정권에서 절대적인 지위를 누리면서 공룡이 된 것은 중립적인 뉴스 배열에 있었고, 다음은 광우병 파동 때 아고라를 통해 좌파에 호의적인 뉴스 배열을 하면서 위축이 되었던 점은 부인할 수가 없을 것이다.

그러나 지금은 오히려 네이버가 좌파 정권의 선전도구로 전락했다고 우리는 보고 있기 때문에 고발을 계속하고 있다. 만약 다음 카카오가 중립을 지킨다면 네이버를 제압하고 새롭게 도약할 수 있는 절호의 기회라고 본다.

포털은 이미 언론사이다. 포털을 언론에 포함시켜야 하는 법제 정비도 시급하다. 기업은 영원하지만 정권은 일순간이다.

스마트폰 시대에 네이버나 다음 같은 포털의 영향력이 다른 언론사에 비해 절대적인 상황에서 다음이 카카오와 합병하고 새롭게 출발하면서 좌파 정권의 홍위병 노릇을 하지 않고 중립적인 뉴스배열을 한다면 네이버를 추월할 수 있는 새로운 기회를 얻게 될 것이다.

1인 미디어 시대

가짜 여론조사, 가짜 댓글 조작, 판사 파면도 청원하는 좌파들의 놀이터가 된 청와대 청원게시판, 하루 종일 편파 방송하는 종편과 방송, 이에 덩달아 날뛰는 가짜 언론이 판치는 사회가 되었다. 제도권 언론의 편향성이 신문과 방송을 외면하게 만들었고 무지와 탐욕의 대의 민주주의는 직접 민주주의로의 회귀를 만들어 냈다.

세상이 변했다. 아침에 조간신문을 보고 저녁에 TV 뉴스를 보면서 세상을 판단하던 아날로그 시대를 살아온 우리로서는 상상하지도 못할 IT 혁명의 시대에 살고 있다. 스마트

폰 하나로 세상의 모든 정보를 다 볼 수 있고, 유튜브로 세상의 모든 진실을 보고 들을 수 있는 1인 미디어 시대가 되었다.

페이스북에 쓰는 글은 내 인생의 기록이자 내 생각을 정리하여 후대에 남기는 개인 실록이자 국민과 직접 소통하는 방법이기도 하지만 더 중요한 것은 제도권 언론의 편향성을 극복하기 위해서다. 트럼프는 트위터 하나로 반트럼프 진영의 모든 언론을 상대한다. 이제 우리도 그런 시대가 도래했다.

출처 자유한국당

법에 의한 권력의 통제

검찰은 공정성과 중립성을 지켜야 한다

이 또한 지나가리로다

2015년 4월 10일 나는 공직 생활 중 처음으로 비리 사건에 연루되는 치욕을 맛보았다. 이른바 성완종 리스트 사건이었다. 자원 비리로 수사를 받던 경남기업 회장인 성완종 씨가 자살을 하면서 남긴 메모지에 내 이름이 적혀 있었던 것이다.

그날 나는 창녕 농협연수원에서 특강을 마치고 돌아오는 자동차 안에서 D일보 간부의 전화를 받고 믿기지 않았다. 성완종 회장으로부터 내가 1억 원을 받았다는 이른바 성완종 메모에는 친박인사 6명과 함께 내 이름이 기재되어 있었다는 것이다.

교분도 없고 서로 잘 알지도 못하는 성완종 회장이 나에게 1억 원을 주었다는 이른바 성완종 리스트 사건은 그 이튿날부터 정국의 뇌관이 되었고, 나는 비리 사건의 중심이 되어버렸다.

출근 때마다 현관에 진을 친 기자들의 기정사실화를 전제로 한 질문에 곤혹스럽기 그지없었고, 어느 방송은 내가 출국금지를 당했다고 단독보도라고 하면서 허위보도까지 했다. 2015년 5월 초 검찰 조사를 받으러 출두할 때는 5백여 명의 기자가 진을 치고 있었다.

'소명하러 왔다.'

이렇게 간단히 답하고 검사실로 올라가서 조사가 시작되었다. 그런데 조사가 이상하게 진행되었다. 네 시간에 걸쳐

120여 페이지를 조사하면서 범죄사실은 전혀 묻지 않았다.

"2011년 5월, 6월경 호텔에서 성완종 회장을 만난 일이 있습니까?"
"없습니다."

성완종 사건의 범죄사실 조사는 그 단 한 줄뿐이었다. 돈을 전달했다는 윤 모 씨와 대질은 윤 모 씨가 원치 않는다고 해서 이루어지지 않았고, 돈을 누구로부터, 언제, 왜, 무슨 명목으로 받았는지의 여부도 묻지 않았다. 검사를 한 나로서도 의아스러운 검찰 조사였다.

그런데 이튿날 발표 내용을 보니 12시간 동안 강도 높은 조사를 했다고 되어 있었다. 범죄 사실은 전혀 추궁한 일도 없고 대질조사도 없이 일방적으로 발표해 버린 것이다. 황당했지만 요금 검찰은 그렇게 하나보다 하여 이상하게 생각했다. 그러나 왜 그런 조사를 했는지는 항소심 법정에서 밝혀졌다.

불구속기소가 발표되는 날, 검찰 출신인 지인 변호사로부터 부탁이라며 대검으로부터 온 연락을 받았다. 반발하지 말고 모든 것은 법정에서 따져 달라고 했다. 한바탕 폭풍이 휘몰아친 후 차분하게 법정소송을 준비하기로 했다.

도대체 서로 교분도 없이 돈 1억 원을 내게 주었다는 망인의 메모 하나로 나를 옭아맨 이 사건은 그 후 재판에서도 논란이 참 많았다. 1심 법정은 우리 주장은 아예 무시하고 검찰 주장만 받아들이고 심지어 모 배석판사는 법정에서 비웃기도 하고 검사는 우리 변호사를 협박하기도 했다. 검사가 법정에서 그렇게 오만방자한 것은 뒤에 청와대가 있기 때문이라고 단정할 수밖에 없었다.

징역 2년 구형에 실형 1년 6월이 선고되는 이례적인 양형이 선고 되던 날, 나는 쏟아지는 질문에 마치 노상강도를 당한 기분이라고 말했다. 판사를 노상강도에 비유했다고 확대 해석해서 종편에서 하루 종일 삼류 평론가들이 비난하던 날, 나는 주변 사람들에게 이렇게 말했다.

"내 업보다. 내가 검사를 하면서 얼마나 많은 사람들을 잡아

넣었나. 그중에 과연 억울한 사람이 단 한 사람이라도 없었 겠나? 그 업보를 치르는 것이다. 그곳도 사람이 사는 곳이 다. 가라면 갈 수밖에 없지 않으냐. 담담하게 대처하겠다."

최순실 덕을 보았다

항소심은 연수원 동기인 박철 변호사가 맡아서 하겠다고 제 안해 왔기에 나는 박 변호사의 능력을 능히 잘 아는 터라 모 든 것을 박 변호사에게 맡기고 도정에만 전념하기로 했다.

항소심이 시작될 무렵 정국이 요동치기 시작했다. 최순실 사 건이 터지고 성완종 리스트 사건을 총괄 지휘하던 민정수석 이 물러난 것이다. 중요 사건은 검찰에서 사실상 민정수석 의 통제를 받아 수사 지휘하는 것이 관행처럼 되어 있던 터 라, 민정수석의 경질로 항소심 재판의 중요한 변수가 생긴 것이다.

공판 준비 단계부터 항소심 재판부는 변호인의 항변을 받아들여 현장검증을 실시하기로 하였고, 검찰이 제출하지 않은 증거를 제출하라고 독려하기도 했다. 재판이 정상화된 것이다.

1월에는 일주일에 세 번씩 재판하기도 했고, 현장검증을 해보니 나에게 돈을 건네주러 왔다는 국회 민원실 1층 문은 그 당시 의원회관 신관 공사로 폐쇄되어 있었다는 것이 확인되었다.

들어올 수 없는 폐쇄된 문으로 들어왔다는 윤 모 씨의 주장이 거짓으로 판명되자 법정 분위기는 급반전되었다. 또한 검찰이 수사할 때 유일하게 범죄사실 관련으로 질문했던 '2011년 5~6월경 호텔에서 성완종을 만난 일이 있느냐.'라는 질문은, 내가 성완종을 잘 모르니까 미리 만나 잘 아는 것으로 해놓고 그 자리에서 서로 돈을 주고받기로 약속하고 윤 씨는 다만 심부름만 했을 뿐이라는 각본의 일환이라는 것이 항소심 법정에서 윤 모 씨의 증언으로 확인되었다.

윤 모 씨는 나와 성완종을 호텔에서 만나도록 주선한 사실이 없는 데도 검사가 압박하여 거짓말을 했노라고 증언했고, 이에 대해 검사는 법정에서 반대 신문도 하지 못했다.

검사가 증거를 조작한 것이다. 도대체 잘 알지도 못하는 사람으로부터 돈을 받았다고 주장하려니 말이 안 되니까, 미리 서로 만나 돈을 주고받기로 하였다고 증거를 조작한 것이다.

요즘 일부 검사들은 수사를 하는 것이 아니라, 사건을 만든다고 어느 검찰 출신 변호사가 나에게 말했을 때, 설마 검사가 그럴 리가 있겠느냐고 믿지 않았는데, 실제로 그런 일이 일어났고 법정에서 밝혀진 것이다.

과거에 내가 검사를 할 때, 경찰이 고문으로 사건 조작하는 것을 본 일은 있지만, 검사가 이런 짓을 하는지는 꿈에도 생각지 못했다. 이 사건 관련자 중 모 인사 사건은 실제 받은 돈보다 1/10로 축소하여 증거를 조작하기도 했다고 알려졌고, 모 인사 사건은 중간 전달자로부터 자백을 받고도 중간 전달자만 처벌하려다가 구속영장이 기각되자 아직도 그 중간 전달자를 기소도 하지 않고 있다고 한다. 검사의 수준이 이렇게 타락했으니 나라의 기강이 설 리가 있겠는가?

평생 가졌던 검찰에 대한 기대가 이 사건으로 무너지고 항소심 무죄 선고를 받던 날, 나는 제갈량의 함정인 상방곡을 벗어난 사마의 기분이었다.

'에이 못된 놈들!'
'그러고도 너희들이 사정의 중추냐?'
'경찰도 요즘은 안 하는 짓을 검사들이 하고 있냐?'

최순실 사태로 박근혜 정권은 무너졌다. 하지만 박근혜 정권이 무너지고 민정수석이 물러나면서 내 재판은 정상화되었고 나는 살아났다. 참으로 아이로니컬한 일이 벌어진 것이다.

항소심 판결문은 대법원에서 시비를 걸 수 없도록 성완종의 육성 녹음, 메모까지 증거능력을 인정하고도 무죄를 선고하는 바람에, 나는 대법원의 판결을 기다리지 않고도 법적으로 해방될 수 있었다.

세 번의 음해

나는 정치판에 들어와서 세 번 음해를 받았다.

첫 번째가 초선의원 때인 1999년 3월로 소위 DJ 저격수로 활동하다가 받은 선거법 위반 사건이다. 잠실 4동 당협 개소식 때 공개적으로 준 10만 원권 자기앞수표 3장, 즉 30만 원이 2천4백만 원으로 둔갑하여 벌금 5백만 원을 선고받은 사건이다. 그 사건으로 대법원 판결 하루 전날 의원직을 사퇴했다.

두 번째가 2011년 10월이다. 민주당 우제창 의원이 전당대회 때 내가 얼굴도 모르는 삼화저축은행의 은행장으로부터 24억 원을 받았다고 폭로했다. 이 폭로는 거짓임이 밝혀져 거꾸로 우제창 의원이 처벌받기 직전 내가 고발을 취하해 준 적이 있었다.

세 번째가 서로 아무런 교분이 없는 성완종 씨가 내게 1억 원을 주었다고 한 소위 성완종 리스트 사건이다. 이 사건은 항소심에서 조작으로 밝혀져 무죄를 선고받았다.

정치판은 없는 것도 만들어 음해하고, 있는 것은 없애버리는 무서운 세상이다. 더 이상 이런 음해가 없는 깨끗한 정치판이 되었으면 한다.

검사에게 막강한 권한을 준 것은 그 권한을 정의롭고 형평에 맞게 사용하라고 준 것이다. 만약 그 권한을 정의롭지 못하고 형평에 맞게 사용하지 않는다면 그 권한을 회수하거나 조정할 수밖에 없다.

옛날부터 하명수사를 전문으로 하는 검사들은 사건을 수사하는 것이 아니라 사건을 만든다고 해 왔다. 실제적 진실 발견이 목적이 아니라 위에서 내린 결론에 맞추어 증거를 만들기 때문이다. 전체 검사의 1%도 안 되는 이런 부류들 때문에 검찰이 늘 권력의 개라고 국민들로부터 폄하를 당하고 있다.

권력은 모래시계의 모래와 같다. 시간이 지나면 모래가 빠지고 종국에 가서는 진공상태가 된다. 그때가 되면 모래시계를 다시 뒤집어야 한다. 검찰이 왜 정권으로부터는 적폐세력이라고 비난을 받고, 야당으로부터는 사냥개라고 비난을 받는지 자성해야 한다.

출처: 자유한국당

> 폐부를 찌르는 말

욕먹어도 할 말은 하겠다

보수의 품위

정당은 이념과 정책으로 승부를 해야 한다. 그러나 좌파들은 MB 이래 박근혜, 홍준표로 이어질 때 늘 이념과 정책으로 대결한 것이 아니라, 좌파 인터넷 '찌질이'들을 동원하여 상징조작, 이미지 조작으로 우파 정당의 리더들을 희화화하여 당의 지지율을 떨어트리는 야비한 수법을 사용해 왔다.

더 한심한 것은 당내 극히 일부 중진들까지 그에 편승하여 부화뇌동했다는 것이다. 그 일례로 한참 막말 프레임이 작동할 때 당내에서 보수의 품위 운운하면서 나를 공격한 일이 있었다.

내가 생각하는 보수의 품위는 이렇다. 우선 보수는 당당해야 한다. 자신을 비롯해서 보수 집단은 깨끗함으로써 당당할 수 있다.

둘째, 보수는 뚜렷한 자기 소신이 있어야 한다. 소신 없이 바람 앞에 수양버들이 되는 것은 이곳, 저곳 기웃거리는 기회주의자에 불과하지 품위 있는 보수가 아니다. 그것은 박근혜 탄핵 때에 침묵하거나 오락가락하던 그들의 처신을 보면 잘 나타난다.

셋째, 보수는 끝없이 노력하고 공부해서 국민들을 부자 되게 하고 행복하게 할 수 있는 실력과 능력을 갖추어야 한다. 거울 보고 이미지나 가꾸는 보수는 속 빈 껍데기 보수에 불과하다는 것을 알아야 한다.

마지막으로 보수는 병역, 납세 등 국민 앞에 부끄러움이 없는 도덕적 정당성을 갖추어야 한다. 이회창 총재 시절 근거 없는 두 아들 병역 문제로 잃어버린 10년 세월을 보낸 것을 우리는 절대 잊어서는 안 된다.

품위 있는 보수가 되기 위해 노력하는 것도 중요하지만 그보다 더 중요한 것은 좌파들의 선전·선동에 넘어가지 않고 보수·우파 진영의 진정한 가치를 국민들 앞에 당당히 펼칠 수 있는 것이 더 중요한 과제이다.

나는 정치적 현실주의자이다. 현재 있는 현상을 그대로를 받아들이고 그것을 타개해 나갈 현실적이고 타당한 방법을 찾아가는 것이 정치적 현실주의자이다.

좌우의 극심한 혼란과 대립에서 자유민주주의를 선택하여 대한민국을 건국한 이승만 대통령, 민주화와 산업화의 극심한 대립에서 민주화보다 산업화를 선택하여 국민을 가난에서 구한 박정희 대통령, 3당 합당은 야합이라는 극심한 비난 속에서도 이를 감행하여 군정을 종식시키고 문민정부를 탄생시킨 김영삼 대통령, 이 세 분 모두 정치적 관점에서 보면 정치적 현실주의자이다. 그래서 내가 그 세 분을 우리 보수·우파 진영의 상징적인 인물로 보고 당사에 존영을 건 것이다.

막말 프레임

감성에 매몰되어 현실을 보지 못하는 우를 범하거나, 논쟁을 겁내어 현실을 회피하는 비겁함을 나는 싫어할 뿐만 아니라 그것은 홍준표답지 않은 돌파 방법이다. 박근혜 전 대통령에 대한 인식도 똑같다. 안타깝지만 그는 정치적 위기를 돌파하지 못하고, 한국 보수·우파 진영을 궤멸에 이르게 한 실패한 지도자이다.

그 바탕 위에서 그를 구할 생각은 하지 않고 현실적으로 불가능한 방법을 감성팔이로 이용하여 사익이나 추구하려는 그런 사람들을 보노라면 나는 친북 좌파들에게 느끼는 분노를 똑같이 느낀다.

나는 지난 탄핵 광풍 때 일관되게 탄핵을 반대했던 사람이다. 그런데 지금 박근혜 감성팔이를 하는 그 사람들이 그 당시 탄핵 반대를 위해 무슨 말이나 행동들을 했던가?

내가 말한 '향단이론'이나 '뒤치다꺼리론'도 그런 관점에서 바라보아야 한다. 박근혜 전 대통령을 비하하거나 반대하는 측면에서 볼 것이 아니라 철저하게 우리가 처한 현실에서 현상을 타개할 방법을 찾아야 한다는 측면에서 바라보아야 한다는 것이다.

같은 말을 해도 좌파들이 하면 촌철살인이라고 미화하고 우파들이 하면 막말이라고 비난하는 이상한 세상이 되었다. 맞는 말도 막말이라고 폄훼하고 있다.

막말 프레임은, 노무현 자살이라는 데서 출발해서 영남지역에서는 친밀감의 표시로 흔히 하는 영감탱이로 이어져 과거 박지원 의원이 박찬종 의원을 빗대어 연탄가스라고 비유한 것을 막말이라고 몰아세웠다.

향단이, 바퀴벌레, 암덩어리 등 우리가 통상 쓰는 서민적 용어를 알기 쉬운 비유법으로 표현했는데, 이에 대응할 말을 찾지 못한 상대방은 이것을 품위 없는 막말이라고 매도했다.

또 '개가 짖어도 기차는 간다'라는 말도 막말이라 했다. 원래 이 말의 어원은 '바람과 함께 사라지다'에 나오는 유명한 대사다. 클라크 게이블이 비비안 리에게 소신을 가지라고 하면서 '개가 짖어도 마차는 간다'라고 한 대사에서 유래된 말인데 93년 YS가 차용해서 유명해졌다. 내가 하니 그것도 일부 무지한 종편 패널들이 막말이라고 했다.

최근에는 '북의 위장 평화 쇼에 문 대통령이 속아서는 안 된다.'고 했더니 일부 무지한 언론인들은 그것도 막말이라고 한다.

내가 하는 강하고 센 말은 모조리 막말로 매도되는 현재 언론 상황에서 막말 프레임을 벗어나기 위해서는 내가 사과하는 방법밖에 없었다. 막말이란 되는대로 함부로 하거나, 속된 표현을 할 때 막말이라고 한다. 내가 막말이 아니라 그 상황에 맞는 적절한 비유를 하면 상대방은 그걸 막말이라며 인격살인을 한다.

지난 공직 생활 동안 굴욕적인 사과나 굴복을 한 일이 없다. 언제나 세평에 관심 두지 않고 내 소신대로 일을 처리해 왔다. 세상이 나를 알아주지 않아도 나는 세상을 위해 일관되게 일해 왔다.

2008년 5월, 이명박 정권 초기에 광우병 파동으로 정국이 혼란에 빠졌을 때 원내대표를 맡아 대혼란을 수습하고 매일 같이 국회가 민주당에 점거당하는 상황을 일 년 동안 겪으면서 이를 헤쳐나갔다.

2011년 7월, 친이·친박의 협공 속에서 최루탄이 터지는 국회 본회장의 혼란을 넘어 한미 FTA를 통과시켰으나 내가 하지도 않은 디도스 파동의 책임을 지고 5개월 만에 당 대표직을 물러났다.

2017년 5월, 탄핵 대선이라는 절망적 상황에서 대통령 후보가 되어 궤멸한 당을 재건할 기반을 마련했다.

2017년 7월, 무너진 당을 맡아 내부 총질 속에서 당협위원장 1/3을 교체하는 조직 혁신과 친박 핵심 청산을 통해 인적 청산 작업을 했고, 정책 혁신을 하여 중산층과 서민을 위한 신보수 정당으로 당을 거듭 태어나게 했다.

당은 늘 위기에 처했을 때 나를 불렀다. 나는 위기를 회피해 본 일도 없고 변명으로 위기를 대처해 본 일도 없다. 언제나 당당하게 원칙과 정도로 위기를 돌파해 왔다.

그러나 막말 프레임은 사실 여부를 떠나 그렇게 알려져 버렸기 때문에 사과를 하지 않을 수가 없었다. 오해도 사실이 되어 버리는 세상일이 어디 이것뿐이겠는가? 진실, 팩트가 막말로 포장되는 이상한 세상에 우리는 살고 있다.

폐부를 찌르는 말

청년 일자리 절벽, 자영업자들 몰락, 대기업 및 중소기업 해외 탈출, 공산주의식 무상분배 시대의 개막, 여론 조작, 통계 조작, 언론통제로 괴벨스 공화국으로 체제 변환, 선 무장해제, 국가보안법 폐지, 주한 미군 철수, 한미 동맹 와해로 대북 안전망 무력화, 김정은 우상화에 동조하기, 위장 평화통일을 내세워 국민을 현혹하여 다음 총선 때는 개헌선을 돌파한 후, 그들의 마지막 목표인 북과 야합하여 북의 통일 전선 전략인 낮은 단계의 연방제를 시행하는 것 등 나라가 엉망이 되고 있다며 호소해 왔다.

내 죄가 있다면 세상을 미리 보고 말한 죄뿐인데 그걸 좌파들은 막말이라고 매도했고 당내 일부 반대파들도 이에 동조를 했다. 팩트를 알기 쉽고 정확하게 표현한 것이 막말인가?

금의야행(錦衣夜行)이라는 말이 있다. 비단옷을 입고 밤길을 다닌다는 의미인데 아무 보람 없이 하는 행동을 비유하는 표현이다. 한국 정치인 중에도 이런 분들이 있어 국민의 눈과

귀를 가리고 있다. 그냥 보면 고급스러운 화법을 구사하며 신뢰를 얻지만 정작 정치 실무에는 어두운 사람이 적지 않다.

또한 이중 언어라는 말도 있다. 흔히 정치인들이 사용하는 무난한 화법을 이르는데 긍정과 부정이 동시에 들어있는 말이다. 국민들은 이중 언어를 들으면 긍정이든 부정이든 자신이 원하는 쪽으로 받아들이는 경우가 많은데 정작 결과는 그렇지 않아 의아한 생각을 하게 된다. '기면 기다, 아니면 아니다'라고 속 시원하게 표현하지 않고, '기어도, 아니어도 기다'라는 표현으로 국민을 호도한다.

내 적절한 비유와 상대방의 폐부를 찌르는 말들은 모두 막말로 덮어 쓰였다. 강자는 적이나 상대방을 배려하는 고상함과 품위를 내보이는 여유가 있어도 될지 모르나 약자가 짐짓 그런 태도를 보이는 것은 굴복이나 굴종에 다름이 아니다.

당내 일부 패션 우파들은 정권에 굴복하는 것이 자신들이 살 길이라고 판단하고 대여 유화노선을 걷고 있으나, 나는 그것이 보수 궤멸을 가져온 가장 큰 잘못으로 보고 있다. 우리는 지금 말밖에 없는 한없이 약한 야당이다. 강하게 맞서야 한다. 그래야 우리에게 기대를 걸고 있는 국민들이 뭉칠 수 있다. 나는 그런 측면에서 위급할 때는 언제나 소위 막말도 서슴지 않았던 YS의 돌파력을 생각한다.

여론 조작을 넘어서다

민심과 민심조작은 다르다

광우병 선동

MB 정부가 출범할 때 나는 법무부 장관을 한번 해보고 싶었다. 검찰인사 혁신과 조직 혁신을 통해, 명실상부하게 대한민국의 사정의 중추로 검찰을 바로 세워보고 싶었다. 통의동 인수위 시절 MB가 불러서 만났을 때였다. 초기 내각에서는 내가 국회의원 출마 때문에 입각을 할 수 없으니 정성진 법무부 장관을 유임시키고, 4월 총선이 끝난 후에 법무부 장관을 맡으면 어떠냐고 제의해 보았다.

두 번째 불러서 갔을 때 MB는 노무현 정권 사람을 그대로 둘 수가 없어 교체해야 한다고 하면서, 법무행정의 국제화를 위해 법무부 장관은 영어에 능통한 사람으로 임명하고 다음 개각 때까지 기다리라고 했다. 그래서 법무부 장관은 영어에 능통한 김경한 장관으로 임명되었고, 나는 다음 개각 때까지 기다리기로 했다.

대신 집권 초기에는 국회가 매우 중요하니 원내대표를 맡아 국회를 원만하게 운영해 달라고 했다. MB집권 초기 한미 FTA 협상 시, 미국산 쇠고기 수입을 양보했다는 이유로 좌파들이 들고일어나 광우병 파동을 대대적으로 일으키게 된다. 나는 좌파들의 이러한 준동을 일종의 대선 불복종운동으로 보았다. 근거도 없는 낭설을 퍼트려 국민들을 선동하고 급기야 광화문은 촛불로 뒤덮이는 대혼란이 야기되었다.

MBC PD수첩의 광우병 방송이 불에 기름을 끼얹는 꼴이 되었고, MB 정권은 출범하자마자 대혼란으로 나라가 흔들거렸다. 2008년 6월 한 달 동안 나라의 중심은 없고, 급기야 MB는 청와대로 나를 불러 대책을 의논하게 되었다.

MB는 한승수 총리를 비롯한 내각의 일신을 주장했고, 나는 반대로 청와대의 일신을 주장했다. 국회가 광우병 때문에 개원되지도 못한 상황에서 내각을 경질하게 되면, 총리 인준을 비롯한 인사청문회로 개원 협상 때 야당에게 모든 것을 양보할 수밖에 없기 때문에 한승수 내각을 경질할 수 없다고 주장했다. 결국은 정무수석을 빼고 청와대를 모두 경질하는 선에서 마무리되었다.

그해 6월은 대통령을 비롯한 행정부와 청와대는 23일 동안 완전히 멘붕상태였고, 온전한 사람은 나밖에 없었다. 나는 새벽부터 경찰, 검찰, 국정원 책임자들과 연락하며 촛불정국을 관리해 나갔다. 유일하게 나만 정상근무를 할 수밖에 없었던 23일이었다.

눈치만 보다 5년이 가다

지루하게 끌던 개원협상은 8월 말에 가서야 타결이 되었고, 타결 즉시 대한태권도협회장 자격으로 북경올림픽을 응원하러 북경으로 날아갔다. 북경올림픽에 갔을 때, 그곳에서 북경 국정원 요원으로부터 충격적인 제보를 듣게 되었다.

한국 국회의원 여야 2~3명 정도가 북한과 내밀하게 내통한다는 정보였다. 그들은 바로 중국으로 가는 것이 아니라 일본으로 갔다가 중국 심양으로 건너가 북한 요원들과 수차례 접촉하고 있다는 제보였다. 3년 전부터 추적하고 있다는 제보 내용은, 그 후 지금까지 아무런 소식이 없는 것을 보니 사실이 아닌 잘못된 정보인지, 사실인데도 은폐된 정보인지 지금도 판단이 서지 않는다.

MB 정권은 집권 초기에 광우병 파동으로 동력을 잃었고, 그 후 집권 내내 강력한 추진력을 갖지 못하고 눈치를 보면서 5년을 보냈다. 당은 박근혜 의원의 눈치를 봐야 했고, 정국은 좌파들의 눈치를 볼 수밖에 없었다. MBC가 워낙 좌파적 성격이 강해 이에 대항하기 위해 만든 것이 미디어법이었다. 하지만 지금에 와서 생각해 보니, 그 당시 MBC에 대항하기 위해 만든 종편도 결국은 실패작이었다.

좌파들의 책동

2017년 12월 아베 총리와 북핵 회담을 했다. 대한민국에 참으로 유익한 한·미·일 동맹을 강화시킬 계기가 되었다는 것은 굳이 외면하고 스틸 사진 한 장으로 자유한국당의 북핵 외교를 폄하하려는 좌파들의 책동은 늘 하는 그들의 선전·선동술이라서 그 잔꾀가 가히 놀라웠다.

우리나라를 작은 나라, 중국을 대국이라면서 알현, 조공외교를 해서 나라의 국격을 손상시킨 세력들이 외국 원수를 만나 의례적인 묵례를 한 것을 두고 굴욕외교라고 비난했다. 참 어이가 없었다. 문재인 대통령을 만나도 그 정도의 묵례를 할 용의가 있다.

나는 일제 강점기에 징용에 끌려갔다 온 아버님을 둔 사람, 지문 날인을 거부하고 일본에 입국한 사람, 위안부 문제를 당당하게 말 한 사람이다. 그런 나를 친일 운운하는 알현, 조공 세력을 보면서 그렇게 국격을 추락시키고도 뻔뻔할 수 있다는 것에 아연실색했다.

일본 언론들과 인터뷰에서 위안부 문제를 묻기에 '북핵 공동 대처 방안을 찾기 위해 일본을 방문했으니, 주제를 흐리게 하는 것은 옳지 않다. 다만 돌아가신 내 아버님은 일제 강점기에 징용에 끌려갔다가 8개월 만에 살아서 돌아온 적이 있다.'라고 말해 주었다.

2017년 7월 당 대표가 된 이래 나는 일관되게 현 정권이 여론 조작을 하고 있다고 문제를 제기해 왔다. 그럴 때마다 언론들은 이를 외면하고 일부 여론조사를 인용하여 우리 당을 폄하해 왔다. 참으로 유감스러웠지만 그 모든 것이 그들의 통제 하에 움직이는 사회가 되어 버렸기 때문에 참고 기다릴 수밖에 없었다.

괴벨스의 나라

나는 언론 기사의 댓글을 보지 않는다. 드루킹 사건에서 보듯이 반대 진영의 여론 조작이 극심하기 때문이다. 드루킹 사건 이후 아직도 수많은 댓글 조작팀들이 활동하고 있다고 보여진다. 그런데도 요즘 댓글 보고를 받아 보면 확연히 달라진 민심을 볼 수 있다.

지난 5월 11일 자 연합뉴스 댓글에서 남북평화 쇼라는 내 주장에 대한 비난이 무려 89%나 되었는데 최근에는 내 주장에 동조하는 댓글이 70~80%에 이르고 있다. 민심이 달라졌다는 것이다. 일부 어용 방송에서는 마치 내가 지지자의 댓글만 보고 그런 주장을 한다고 허위 방송을 하고 있으나 달라진 민심이 이젠 그런 허위 방송에 속지 않을 것이다.

드루킹 사건은 빙산의 일각이라 본다. 그런 여론 조작 범죄 조직이 하나뿐이겠는가? 포털을 이용한 여론 조작은 이제 일상화되어 있고, 패널조사로 지지율을 사전에 조작하는 여론조사 기관도 있다고 나는 확신한다. 거짓말도 계속하면 진실이 된다는 괴벨스의 나라가 되어간다. 언젠가 심판의 날이 올 것이다. 부화뇌동하던 가짜 세력들이 정리되는 날이 올 것이다. 여론 조작이나 일삼는 가짜 여론조사 기관과 댓글 조작으로 여론 조작을 하는 세력들이 어용 언론을 동원해 국민을 현혹해도 나는 깨어 있는 국민만 믿고 앞으로 나아갈 것이다.

홍준표論

조선일보, 「김대중 칼럼」 2017년 8월 1일

지금 한국의 정치 지형(地形)에서 보수 정당의 재건을 책임진 사람은 자유한국당의 홍준표 대표다. 어떤 사람들은 그의 능력과 자질에 의문을 갖는다. 어떤 사람은 그의 언쟁을 문제 삼아 그를 즉흥적이고 논쟁적이고 때로는 포퓰리스트적(的)이라고 폄하하기도 한다.

하지만 그는 오늘날 지리멸렬한 야권을 통합하고 정통 보수 정당을 재건할 유일한 위치에 있다. 그는 지난 대선 때 바닥을 헤매던 자유한국당을 이끌어 그나마 25%대의 지지를 얻어냈던 제1야당의 대통령 후보다. 그는 대선 후 107석의 한국당 대표로 선출됐다. 홍 대표는 박근혜 탄핵 사태에서 탄핵에 개입하지도 않았고 그렇다고 친박도 아니라는 점에서 야권 통합의 적임자라고 할 수 있다. 스펙과 경력 면에서 그를 앞선 정치인이 없는 것은 아니다. 그러나 탄핵 때 어느 한편에 섰던 그들은 통합을 이끌 자격에 '흠'이 있다.

홍 대표로서도 시대적 요청에 부응해야 한다. 흩어진 야권을 봉합하고 건전한 보수 정당으로 묶어내는 것까지를 자신의 정치적 사명으로 천명했으면 한다. 다음 대권은 보수 정당 재건의 결과에 따른 민의의 선택 문제다. 다음 대권에 집착할수록 그의 영도력은 부서질 수 있다. 그가 근자에 자신의 과거 돌출적인 발언과 행동을 사과하고 있는 것은 바람직하다. 자신의 사고와 행동의 반경을 넓히고 보다 포용적 정치인으로 가는 길이기 때문이다. 다만 그가 통합을 논의해야 할 상대인 바른정당을 애써 외면하는 것은 대도(大道)가 아니다. 그의 이미지는 독불장군이었다. 혼자서 차(車) 치고 포(包) 치고 하는 식이었다. 이제는 제1야당의 대표로서, 국정의 파트너이며 견제 세력의 주자답게 행세했으면 한다. 막말은 듣기엔 시원해도 상대방의 마음을 열지 못한다.

홍 대표에게는 그리 시간이 많지 않다. 문재인 정부는 야권 분열의 기회를 놓칠세라 거의 매일이다시피 '좌파 정책'을 쏟아내고 있다. 야당이 아무런 대응 논리도 못 갖추고 매일 즉흥적 논평이나 내놓는 상황을 더는 방치해서는 안 된다. 문 정부는 지금 여론조사 80%에 가까운 지지를 만끽하고 있다. '촛불'의 기운이 채 사그라지기 전에 좌파 정책의 모든 것에 시동을 걸어두자는 것이다. 그들은 시간이 지날수록 이른바 좌파 개혁의 동력이 떨어질 것을 알고 있다. 문 정부를 민주적인 방식으로 견제하고 제동을 걸 수 있는 장치는 크게 봐서 야당과 언론으로 요약할 수 있다. 하지만 언론은 '기능'일 뿐이고 '제도(制度)'는 야당이다. 야당이 제도적으로 탄탄할 때 그 나라의 정치는 건전하게 가동할 수 있다.

한국당과 홍 대표는 10개월 후인 내년 6월 지방자치단체장 선거, 특히 서울시장 선거에서 다음 정권의 향배를 가를 중요한 승부를 맞게 돼 있다. 서울시장 선거는 다음 대선의 전초전이며 문재인 정부에 대한 중간평가다. 여기서 이기고 지는 것이 한국당과 홍 대표의 정치적 진로를 결정한다고 봐야 한다. 그 전초전에서 이기기 위해서는 지금 탄핵 사태를 둘러싼 보수권의 대립이라는 터널을 빨리 벗어나야 한다. 탄핵의 상처는 깊은 내상으로 남을 것이기에 이를 치유할 탕평의 리더십을 발휘하는 것이 홍준표 정치의 요체다. 많이 만나고 많이 듣고 많이 설득하는 것이 바로 그것이다.

두 정당의 정치인들도 깊이 생각해야 한다. 지금 새 정부의 질주가 궁극적으로는 박근혜 시대의 보수성을 부수고 좌파 전횡의 프레임을 세우는 데 있다면 한국의 보수 정치인은 모름지기 우선 눈앞의 '적'을 상대하는 데 전력투구해야지 '지나간 가치'에 대한 논쟁에 함몰돼서는 안 된다. 무엇보다 분열을 틈타 개인적 영달을 도모하는 데 급급해 편 가르기에 안주하는 정치인들이라면 정치인으로서 최악의 수치다.

보수 지지층 국민도 이제는 각자의 한(恨)을 접고 나라의 미래를 봐야 한다. 자신이 진정 보수 성향이라고 자처한다면 야권의 단합과 통합을 응원할 일이다. 소셜미디어에 나도는 의견들을 보면 그들은 아직도 탄핵 전야의 심리 상태에서 벗어나지 못하고 원수처럼 저주를 쏟아내고 있다. 인간적인 것은 때로 나라를 제대로 운용하는 데는 걸림돌일 수 있다. 야권이 합쳐 좌파의 질주를 막는 것이 박(朴)을 극복하는 길일 수 있다.

문 정부의 과시적이고 물량적인 정책과 좌파 일변도의 정치는 시간이 갈수록 보수층을 불안하게 하고 중도층까지 고개를 갸우뚱하게 만들 것이다. 여론조사 지지율이 갈수록 떨어지는 것은 동서고금 정치사의 공통된 현상이다. 더구나 문 정부의 정책이 좌우 선택의 문제가 아니라 북핵의 위협, 한미 관계 등 나라의 안위와 국민 생활의 기본을 건드리는 것일수록 보수 회귀의 기운은 살아날 것이다. 자유한국당과 바른정당, 그리고 홍 대표와 야권 리더들은 그때를 대비해야 한다.

홍준표論 답글

2017년 8월 1일 홍준표의 페이스북에 쓴 답글 전문

MB 정부로부터 환경부 장관 제의를 받았을 때 거절하면서 '타타타'라는 노랫말을 이야기한 적이 있습니다. 미천한 가족사 출신이지만 자존과 명예욕 하나로 세상을 살았습니다. 조선일보 김대중 주필님의 칼럼을 보고 답장을 씁니다.

첫째, 저를 독불장군이라고 했습니다.
그런데 저는 '독고다이'일 뿐 독불장군은 아닙니다. 독불장군은 부하라도 있지만 저는 부하 한 명 두지 않는 독고다이입니다. 이 나이 되도록 독고다이 정신으로 강인함이 없이 살았다면 저는 검사 때 이미 한국 사회에서 매장되었을 겁니다. 언제나 주변의 조언을 듣고 결정하고, 결정하면 머뭇거림 없는 독고다이입니다.

둘째, 품위론입니다.
한국 보수 세력들의 특징인 가만히 있어도 알아주는 그런 가문

출신이 아니기 때문에 제가 일견 품위가 없어 보일 수도 있습니다. 그러나 소박한 대중적인 언어 구사와 행동이 점잖은 한국 보수 세력들의 눈에 거슬릴지는 모르나 위선과 가식보다는 그것이 참된 국민과의 소통일 수도 있다고 저는 봅니다.

셋째, 충동적 즉흥적이라는 비난입니다.
어떻게 충동적이고 즉흥적인 사람이 검사에다가 험지에서 국회의원 4선을 하고 도지사 두 번 하고 보수당 대통령 후보까지 될 수 있겠습니까? 축적된 지식을 바탕으로 판단과 결정이 빠른 사람이라고는 생각해 본 일은 없으신지요?

넷째, 좌파 정책 대응을 못한다고 했습니다.
그러나 좌파 정부는 국민이 선택한 지 석 달밖에 되지 않았습니다. 국민이 직접 체험하고 잘못된 정부라고 느낄 때까지 참고 기다려야지 어떻게 우리가 지금 당장 나설 수 있습니까? 답답한 마음 이해는 합니다만 우리가 지금 메시지를 던져본들 지금은 전달되는 상황이 아니라고 저는 봅니다. 잘못된 좌파 정책이 축적될 때 그때 가서야 비로소 국민들이 자각할 것으로 봅니다. 그때 본격적인 전쟁을 하는 것이 더 효과적일 수도 있습니다.

다섯째, 바른정당 통합론입니다.

지금은 좌파 진영도 분열되어 있고 우파 진영도 분열되어 있습니다. 정당의 통합은 인위적인 정계 개편보다는 국민이 선거로 심판한다고 저는 생각합니다. 저는 우리 국민들이 내년 지방선거에서 우파 진영 통합을 투표로 자연스레 해줄 것으로 굳게 믿습니다. 첩이 아무리 본처라고 우겨 본들 첩은 첩일 뿐입니다.

마지막으로 차기대선 문제입니다.

대한민국은 좋게 말하면 다이내믹하고 나쁘게 말하면 변덕이 심한 나라입니다. 한 달 후 일도 어떻게 될지 모르는 판에 어떻게 5년 후 대선을 기대할 수가 있겠습니까? 저는 늘 자족하는 인생을 삽니다. 저에게 주어진 현재의 소명은 박근혜 정권 때 무너진 한국 보수·우파를 재건하는 사명에만 전념하는 일입니다.

언제까지 보수 욕만 하고 있을 것인가

조선일보, 「김대중 칼럼」 2018년 1월 1일

왼쪽 가속 페달만 있는 자동차가 폭주하고 있다. 하루도 거르지 않다시피 어제는 한·일 관계, 오늘은 개성공단 문제 등 과거사까지 들추며 대한민국을 온통 한 방향으로 몰아가고 있다. 문제는 이 자동차의 폭주를 막는 브레이크 장치가 없다는 점이다. 그것이 내부 것이든 외부 장벽이든 질주를 막을 장치도, 기능도 없다.

지금 이 땅의 '보수'는 동네북이다. 이 사람이 때리고 저 사람이 발길질하고 또 다른 사람들은 희희덕거린다. 보수가 부패했느니, '강남 좌파' 행세만 했느니, 개혁하지 못했느니, 현실에 안주했느니 등등 보수를 때리는 도구는 각양각색이다. 심각한 것은 이런 비판과 비아냥이 좌파 쪽에서만 나오는 것이 아니고 보수, 또는 보수를 자처하는 쪽에서, 때로는 '반성'의 이름표를 달고 난무한다는 점이다.

그러나 언제까지 욕만 하고 있을 것인가. 물론 고치고 다시 세우기 위해서는 지금 있는 것을 부수고 거기서 새로운 접점을 찾는 것이 순서인 줄은 안다. 하지만 지금 보수는 너무 많이 맞고 부서져서 다시 세우기에 시간이 걸린다. 그나마 남아 있는 보수의 '집터'마저 여기저기서 갈라 먹는 게임이 벌어지고 있다.

그런데 보수에는 천천히 기다릴 시간과 여유가 없다. 다시 말해 지금 이 땅의 보수가 자성의 시간을 갖고 제대로 된 재건 순서를 밟기에는 좌(左) 페달 자동차의 폭주가 너무 심하고 그로 인한 폐해가 복구 불능이 될 처지에 놓여 있다. 그러면 우리는 5년간 그 질주 속에서 살아야 한다.

그것을 막는 길은 보수의 비상적(非常的)인 기능 회복에 있다. 그것은 언론에도 있고 보수·중도 시민 단체에도 있지만 가장 적절하고 효율적인 것은 보수 야당에 있다. 구체적으로는 국회의 제2당인 자유한국당에 있다. 국회 안에서 여당의 독주를 막고 집권 세력의 좌편향 일변도를 견제할 수 있는 제도적 기능을 활용해야 한다. 언론의 비판은 카타르시스 효과는 있어도 폭주차를 막기에는 역부족이다.

보수층 국민은 보수에 대한 비난과 비판에만 함몰되지 말고 한국당에 대한 애정을 갖고 선도하는 방향으로 이끌어야 한다. 물론 지금 한국당의 처지와 사정이 말이 아니게 쇠락한 것도 사실이다. 지도부 문제도 있다. 친박 세력의 원한과 앙금도 엄청나다. 그러나 이 상태라면 득을 보는 쪽은 집권 세력이고 이들을 더욱 기고만장하게 만들 것이다.

이런 상황에서 두 가지를 제안하고 싶다. 모든 당파 간 싸움을 중단하고 홍준표 대표를 비롯한 당 지도부에 힘을 실어주자는 선언을 해야 한다. 당 지도부는 오는 지방선거에 맞춰 당의 전열을 정비해서 궤도에 올려놓는 데까지만 복무한다는 선언을 해서 당내 불협화음을 종식시켜야 한다. 사태가 호전돼 홍 대표의 입지가 상승하면 그가 다음 대권의 단계로 이행하는 것은 누구도 막지 못할 것이다. 금년 지방선거가 한국당에도 결정적이라는 인식이 절대로 필요하다.

또 한 가지는 지금 여론에 오르내리는 잠룡 인사들의 적극적 참여와 투신이다. 지금 야권은 인물난에 봉착해 있다. 사람들마다 이 인사는 이래서 안 되고 저 인사는 저래서 싫고, 이런 식으로 뺄셈을 하다 보면 남는 인사가 없다. 그나마 사람들 입에 오르내리는 인사들은 손사래 치기 바쁘다. 어쩌면 꽃가마가 데리러 오기만을 기다리는지도 모른다.

이래가지고는 보수를 구할 수 없다. 입으로는 좌파 세상을 걱정하면서 정작 자기들은 뒤에 앉아 침묵하면서 소셜미디어로 자기 신상(身上) 문제만 언급하는, 이런 소극적이고 관전적인 태도로는 보수를 구할 수도 없고 보수가 자기들을 모시러 오지도 않는다. 그 인사들은 과거 보수가 키워 준 사람들이다. 보수가 절체절명 위기에 봉착해 있을 때 이들은 기꺼이 나서야 한다. 물론 여러 계산이 있을 수 있다. 더욱이 요즘의 정치 세상은 사람 잡아먹는 데는 익숙하고 사람 키워 주는 데는 인색하다. 하지만 지금은 유리할 때만 나가고 불리하면 뒤로 빠질 만큼 한가롭지 않다. 나서지 못하겠다면 뒤에서, 입으로만 애국애족하지 말아야 한다. 좌편향도 걱정하지 말아야 한다.

지금 보수 세력의 재기와 분발을 기대하는 것은 보수 장치가 망가질수록 좌파의 질주는 계속될 것이고 조만간 좌파 스스로도 제어할 수 없는 지경에 이르는 것을 걱정하기 때문이다. 문재인 정권에게도 그들이 과거 전 정권들을 견제했듯이 견제가 필요하다.

걸어온 길, 걸어가는 길

제4부

유정천리有情千里

내 나라를 지키는 아름다운 석양

항상 결단의 순간에는 단호해야 한다는 원칙을 지켰고
그 결단에 후회를 해본 일은 없었다.
새로운 출발을 위하여 최근에 또 한 번 결단의 순간을 보냈다.
이제 나는 내 나라 내 국민을 지키는 아름다운 석양으로 남고자 한다.

가난 때문에 바뀐 인생의 항로

미래를 위해서는 현재가 필요하다

믿음의 힘

4살 때의 일이다. 어머니는 홍역으로 다 죽게 생긴 나를 담요에 둘둘 말아 업고 마을 근처 가마리에 있는 절로 갔다. 40살이 다 되어 낳은 사내자식을 그냥 죽이기가 너무 억울해 부처님에게 빌어볼 요량으로 갔다고 한다.

밤새 법당에서 무릎 꿇고 허리 굽혀 절을 하며 나를 살려달라고 빌었다고 한다. 까막눈인 내 어머니는 불경을 알 리도 없지만 밤새 눈물로 부처님 앞에서 그렇게 절을 했다고 한다.

그런데 새벽녘에 이르러 담요 속에서 꿈틀거리며 살아나는 나를 보고, 그날 오후까지 머리 숙여 허리가 휘어지도록 부처님께 고맙다는 절을 했다고 한다. 원래 내 이름이 태어날 때는 '이표'라고 했는데 부처님 전에 팔았다고 해서 그때부터 '판표'가 되었다. 대학교 3학년 때 돌아가신 아버지 산소에 갔을 때 어머니가 내게 들려준 이야기다.

나는 어머니에게 "에이 그런 거 아닙니다. 홍역은 열병이기 때문에 엄동설한 한겨울에 아이를 법당에 내팽개쳐 놓으니 그 추위에 열이 내려 산 것이지, 부처님 때문에 산 것은 아니에요."라고 대꾸했다. 그랬더니 "이놈아, 그러면 천벌받는다. 그런 소리 하지 마라. 그때 너를 살린 것은 부처님 공덕 때문이다."라며 야단을 치셨다.

어머니는 돌아가실 때까지 부처님만 믿고 살아가신 독실한 불자였다. 믿음으로 섬기는 종교의 힘은 그토록 위대한 것이라고 나는 생각했다.

고난의 시작

우리 집은 창녕 남지에서 부자였다. 가을 추수 때면 탈곡기 소리가 사흘간 우렁차게 들릴 정도로 부자였다고 한다. 그런 우리 집이 내가 7살 때 망해 버렸다. 아버지는 천하의 한량이었다고 한다. 아침이면 친구들을 데리고 남지 백사장에 가서 활쏘기 놀이를 시작으로, 하루 종일 남지 기생집에 들러 시조나 읊조리면서 시간을 보내다가 밤 12시가 다 되면 귀가하는 천하의 한량이었다고 한다.

그런 식으로 매년 뒤뜰 쪽으로 펼쳐진 전답을 팔아 술값을 마련해야 했으니, 내가 7살이 될 무렵에는 집안이 거덜 나 버린 것이다. 어머니는 그래도 불평 한마디 하지 않고 첩질하지 않은 것만으로도 아버지를 고맙게 여기고 살았다.

초등학교 1학년 때인 12월 말 한겨울, 우리는 리어카에 이삿짐을 싣고 이틀을 걸어 도망치듯 고향을 떠나왔다. 7살의 어린 나이에 터벅터벅 걸어 대구로 이사를 가는 길에 잿빛 하늘은 당장이라도 폭설이 흩뿌릴 것처럼 잔뜩 찌푸려 있었다.

온 세상이 나와 우리 가족을 버린 것 같은 우울한 분위기였다. 그리고 그때부터 뼈를 깎는 고난과 참담한 가난이 나를 집어삼켜 버렸다. 가난은 부끄러운 것이 아니라 불편한 것이라고 하지만, 그 후로도 나는 부끄럽고 불편한 생활을 초임검사 시절까지 30여 년간 계속해야 했다.

유랑의 시작, 대구

대구 신천동에서 시작한 우리 가족의 생활은 한 마디로 참담한 상황이었다. 단칸 월세방에서 시작한 대구 생활은 모든 것이 바뀌어 버린 인생의 또 다른 혹독한 경험이었다. 아버지는 팔공산에 가서 땔감으로 나무를 해와 시장에 내다 팔고, 어머니가 행상을 하여 근근이 생활을 이어갈 수 있었다.

여동생과 나는 미군 구호물자인 강냉이죽을 얻으려고 십 리나 떨어진 큰 고개를 넘어 동사무소를 다녔다. 신천국민학교 2학년에 들어갔지만 친구가 있을 리 없어 하루 종일 책만 보다가 허기지면 수돗가에서 물로 배를 채우는 것이 고작이었다.

작은누나는 아버지에게 시골에 남은 논을 팔아 신천동 산을 사두면 나중에 괜찮을 거라고 했으나 아버지는 그 말뜻을 몰랐다. 그 당시 시골 논을 팔면 신천동 산 1만 평 정도는 충분히 살 수 있었지만, 이재에 어두웠던 아버지는 장래를 설계하기보다 당장 먹고 살 걱정만 해야 했다. 그때는 이미, 팔공산에서 나무를 해서 땔감을 마련하던 일도 산림녹화를 한다는 명목으로 금지되었고, 그렇게 되자 밀주를 만드는 효모를 내다 팔아 연명하는 신세로 전락했다.

이렇게 신천동 1년을 보내고 어느 날 아침 "야들아 짐 싸라."는 말과 함께 우린 또다시 신암동 월세방으로 걸어서 이사를 갔다. 움푹진 구덩이 속 같은 마당이 낮은 집에서 월세 생활을 다시 시작한 것이다.

혁명의 시대

"동트는 새 아침에 어둠을 뚫고 찬란히 떠오르는 혁명의 불꽃."
신암동 마당 낮은 집에서의 월세살이는 '5.16 혁명가'를 부르면서 시작되었다. 경북대 뒷산에 귀신이 나타나 어린아이 골을 파먹었다고 하는 괴담이 돌고, 우리는 돈이 없어 상관없었지만 화폐 개혁으로 부자들은 다 망했다는 흉흉한 소문이 돈 것도 그때였다.

3학년에 25반까지 있었고 한 반에 70여 명이나 되는 엄청난 밀도의 콩나물 교실에서 오전반과 오후반으로 나눠 2부 수업을 받으며 학교에 다녔다. 그때의 유일한 낙이었던 일로, 자갈마당 노동회관에 가서 2원을 주고 영화 두 편을 볼 때 마냥 행복할 수 있었다. 일요일 아침에 아버지에게 5원을 받아 한 시간 반을 걸어 노동회관으로 갔다. 오전 10시에 영화가 시작되면 점심을 굶고 영화가 이해될 때까지 두 편을 두세 번씩 하루 종일 보곤 했다. 이때부터 세상 이치를 조금씩 깨달아 가게 된 것이 아닌가 생각된다.

남은 돈으로는 먹을 것을 구하기보다는 만화를 보는 데 썼다. 아마도 하루에 수십 권씩은 본 것으로 기억한다. 그렇게 내 생각의 뿌리는 영화와 만화를 보면서 형성되었다. 아버지는 막일을 하러 나가고 어머니는 과일 행상으로 연명하던 신암초등학교 3학년 때, 체육만 빼고 모두 수를 받았던 통지표도 별로 반갑지 않았다.

다시 창녕으로

3학년 12월 말 아버지는 또 짐을 쌌다. 이번에는 고향에는 못 돌아가고 창녕 읍내로 가기로 했다. 리어카를 끌고 이틀이나 걸어간 이사 길은 참으로 멀고도 험했다. 중간에 위천에 와서 여관방에서 하룻밤을 잘 때는 돈이 없어 밥을 두 상만 시키고 여섯 식구가 나눠 먹었다.

작은누나와 큰누나는 밤에 자다가 배가 고파 여관집에 달아 놓은 메주를 뜯어 먹고 이튿날 하루 종일 설사를 했다. 허기진 배에는 엿이 최고라면서 길에서 만난 엿장수에게 엿을 얻어 가족들에게 나누어 주었으나 헛것이 보이기는 매한가지로, 내 정신 상태도 엉망진창이 되어 있었다.

허기진 배를 채우려고 창녕에 도착하자마자 밥을 지었지만 반찬이 없어 간장으로 그날 밤을 보낼 때, 우리 가족이 무슨 큰 죄를 지어 이토록 고통을 받아야 하는가 싶어 나는 복받쳐 오르는 서러움에 한없이 울었다.

도착한 이튿날 주인 여자가 애들이 많아 셋방을 줄 수 없다고 나가라고 하기에 사흘 만에 쫓겨나 창녕 술정리 곰보네 아래채로 보금자리를 옮겨야 했다.

내 유년의 동구 밖 합천

아버지와 엄마가 선학표 알루미늄 그릇 행상을 나가고 나면, 기나긴 봄날 나는 여동생, 작은누이와 함께 허기진 하루를 보내곤 했다. 장사 수완이라곤 별로 없던 아버지는 외상만 잔뜩 깔아놓고 수금도 못 하는 밑지는 장사를 계속했다. 그러다 본전까지 털어먹고 또다시 이사를 가자고 했다.

"이번엔 어디로 가는데요?" 하니 아주 촌구석으로 가야 한다고 하면서 합천 덕곡 율지라고 하셨다. 나는 초등학교 6년을 다니면서 매년 이사를 하는 바람에 친구도 없고 자주 만나는 친척도 없었다.

학교에 가도 혼자서 공부만 했고 방과 후에도 나 혼자 공부만 할 수밖에 없었다. 그러다 보니 가는 곳마다 늘 1등을 하였지만 언제나 외톨이 신세를 면치 못했다.

부모님은 여동생을 데리고 먼저 합천으로 가고 나와 작은누이만 창녕에 남아 6개월가량 있을 때는, 양식이 떨어져 굶는 날이나 먹는 날이 반반이었다. 잘 익은 벌건 배추김치에 쌀밥 한번 원 없이 먹어보는 것이 소원이었지만, 그것은 늘 꿈에서나 그리던 일이었다. 이때부터 불가능에 대한 도전인 '당랑의 꿈'을 꾸기 시작한 것으로 생각된다.

끝없는 유랑

초등학교 6년 동안 다섯 번이나 전학을 다녔다. 마지막으로 간 곳이 합천 산골에 있는 학남국민학교였다. 분교로 출발해서 본교가 된 지 1년 남짓 된 시점이었다. 본교로 승격했다지만 그 당시 농촌인구가 넘쳐날 때인데도 학생 수라곤 한 학년에 40명이 넘지 않았고, 전교생이라고 해봐야 2백 명이 채 되지 않았다.

5학년 2학기 때 학남국민학교로 전학 와서 보니, 40명 중 여학생이 더 많았는데 나보다 키 작은 애는 하나뿐이었다. 점심 도시락을 싸 가지 못한 나는 점심시간에는 늘 학교 뒷산으로 올라갔다. 오후 첫 시간이 되어 반찬 냄새가 진동하는 교실로 돌아오면 허기진 배가 더 고팠다. 그때 만났던 초등학교 친구들이 지금 나의 절친한 동무들이다.

덩치는 작았지만 공부를 잘해 아이들이 나를 괴롭히지는 않았고, 여학생들은 신기한 녀석이라는 듯 나를 잘 대해 주었다. 대구 달성공원에 수학여행을 갔을 때 야바위꾼들에게 걸려 잃어버린 돈은 내가 달려들어 도로 다 따서 애들에게 돌려준 적도 있었는데 통쾌했다.

대구로 유학 가다

초등학교 졸업 즈음, 이른 고민이 생겼다. 강 건너 시오리 정도 떨어진 창녕 이방에 있는 옥야중학교로 갈 것인지 대구로 유학을 갈 것인지 결정해야 했다. 작은누이는 1년 먼저 졸업하여 대구 '협립양산'에 취업하기 위해 '협립양산' 검수원 집에 식모살이로 이미 가 있었고, 나는 대구로 갈 것인지 이방 옥야중학교로 갈 것인지 결정하지 못하고 있었다.

옥야중학교에서는 학비 면제로 들어오라는 제의를 해왔으나 나는 대구로 유학을 가겠다며 아버지를 설득하기 시작했다. 꿈을 찾아 대구로 가는 날은 봄비가 추적추적 내리는 날이었고, 보리쌀 두 말에 반찬을 지게에 지고 앞서 걸어가는 아버지를 따라 시오리를 걸어 버스 정류장까지 갔다.

아버지가 준 돈 중에서 30원을 도로 드리면서 돌아가시는 길에 술 한잔하시라고 하고 엄마와 같이 버스에 올랐다. 작은 누이는 '협립양산' 검침원 여자가 워낙 악랄하여 견디지 못하고, 1년 후 취업 조건으로 무상으로 한 식모살이를 그만두고 대명동 월세방에 살면서 방직공장에 다니고 있었다.

작은누이의 월세방에서 시작한 대구 생활은 비록 초라하고 을씨년스러웠지만 이를 악물고 더욱 공부에 전념하게 했다. 나에게 다른 대안이 있을 수 없었고 공부만이 유일한 생존 수단이었다.

생존 수단으로서 공부

작은누이와 대명동 자취생활은 아침에는 콩나물국에 보리밥으로, 점심은 굶고 저녁도 똑같은 메뉴로 보내던 지난한 허기진 세월이었다. 다행히도 처음 치른 중간고사에서 1등을 해서 학비를 면제받을 수 있었고, 그 후로도 6년 동안 공납금 면제로 중, 고등학교에 다녔다.

그때는 특대생제도가 있어서 석 달에 1650원 납부하는 공납금을 공부만 잘하면 면제해 주던 시절이어서, 나는 6년간 영남학교에서 공부를 할 수 있었다. 그 당시 영남학교는 변두리 학교로서 반월동에서 가방을 들고 버스를 타면, 종점에 도착할 때까지 여학생들이 눈길은커녕 가방도 받아주지 않던 굴욕의 세월이었다.

덩치는 작았지만 공부를 잘한 덕에 아무도 나를 건드리지 않았고, 그때 만난 친구들이 내 평생 친구가 되었다. 심지어 선생님들까지 우리들을 깔보는 상황에서 나는 학교 수업보다 독학하다시피 하면서 6년을 보냈다. 체계적인 수업이 없었던지라 남독(濫讀)을 할 수밖에 없었고 닥치는 대로 읽고 쓰고 암기할 수밖에 없었다. 그때 배운 국사, 세계사, 지리는 지금도 요긴할 때마다 써먹는 중요한 기억의 자료가 되고 있다.

사관생도 문턱에서

고등학교 시절 내가 제일 부러워하던 것은 점심시간 매점에서 파는 단팥빵이었다. 도시락을 싸지 못해 수돗물로 배를 채우던 시절, 어쩌다 친구들이 나눠주는 단팥빵은 어찌 그리 맛있는지. 지금도 나는 단팥빵을 좋아하는데 그 이유는 그때 그 맛이 나진 않지만 바로 어린 시절의 단팥빵에 대한 애잔한 기억 때문이다.

경북대 의대에 진학하기로 하고 2학년에 올라가면서 이과 반으로 옮겼다. 그 당시 경북대 의대는 한강 이남에서 서울의대 다음으로 좋은 대학이었고, 무엇보다 돈도 잘 벌고 사회적 존경의 대상이랄 수 있는 의사가 되고 싶었기 때문이다.

3학년 여름방학 때 아버지가 시골로 잠시 오라기에 내려갔더니, 의대는 학비가 많이 드니 포기하고 육사를 가라고 했다. 육사는 학비도 필요 없고, 졸업하면 학사 자격에 육군 소위로 임관하니 육사를 가서 군인이 되라고 했다.

육사에 가긴 싫었지만 아버지의 명이라 "그렇게 하겠습니다."라고 대답했다. 그해 10월 대구고등학교에서 육사 특차 시험을 보고 합격한 후 11월부터 대구 생활을 청산하고 시골로 내려갔다. 다음연도 1월 12일 신체검사만 준비하면 되고, 그해 12월에 있는 예비고사는 별다른 준비 없어도 합격할 자신이 있었기 때문에 대구 생활을 거기서 마무리했다.

법대로 가게 된 사연

그해 12월 예비고사가 끝나고 시골 친구들과 마을 뒷산을 헤매면서 대창을 만들어 토끼사냥으로 소일하던 12월 23일, 갑자기 파출소에서 아버지를 연행해 갔다. 알아본 바로는 훔친 비료를 구입했다는 장물취득 혐의였다. 아버지는 그날 웃촌 장 씨도 비료를 같이 배급받았다고 하면서 혐의를 극구 부인했으나, 순경들은 막무가내로 혐의를 뒤집어씌웠다.

그날 밤 웃촌까지 올라가서 장 씨를 만나 증언해 달라고 사정했으나, 장 씨는 증언을 하면 내년에 조합장이 비료 배급을 안 해준다고 으름장을 놓는 바람에 증언해 줄 수가 없다고 했다. 아버지는 마을 이장의 중재로 농협조합장이 하는 일에 반대하지 않는다는 조건에 불입건 처분되어 이틀 만에 파출소를 나올 수 있었다.

이를 보고 나는 '군대에 갈 일이 아니구나. 순경을 이기려면 순경보다 더 높은 검사를 해야겠다.'고 마음먹고, 다시금 부랴부랴 책을 싸서 대구로 올라왔다.

육사를 포기하고 법대에 진학하기로 했다. 우리 영남학교에서는 제2외국어를 가르쳐 주지 않아서 제2외국어가 필수인 서울대는 지원할 수 없고 제2외국어가 필요 없는 고려대 법대로 가기로 마음먹었다.

이튿날부터 바로 한 달 동안 문과 공부를 시작해서 고려대 법대에 응시하였다. 날치기 문과 공부도 국어 고문을 빵점 맞은 걸 제외하면 다른 과목을 잘 본 덕분에 무난히 고려대 법대에 합격할 수 있었다.

돌이켜 생각하면 가난과 맞물리는 우연한 사건 때문에 내 인생의 항로가 바뀐 것처럼 보일지 모르지만, 사실 어쩌면 내 운명은 그렇게 정해져 있었는지 모른다. 만약 우리 집이 그토록 가난하지 않았다면 나는 의사가 되었을 것이다. 하고 싶은 일을 집안 사정 때문에 포기하거나 미뤄야 할 때 그 절망감은 이루 말할 수 없이 크다.

나는 이 시대의 젊은이들이 나처럼 막연한 미래로 꿈을 이월시키길 바라지 않는다. '내일은 괜찮아지겠지. 내년에는 취업이 되겠지. 3년 후에는 집을 살 수 있겠지.'라는 막연한 말이 젊은이들의 희망이 되어서는 안 된다. 이런 말은 현실이 따라주지 않으니 어쩔 수 없이 하는 말이다. 미래도 현재가 있어야 가능하다.

당장 오늘 어렵고 힘든 젊은이들에게 꿈을 가지고 도전하라는 말이 얼마나 공허한 소리인가? 내가 생각하는 청년 복지가 '일자리에서 시작해서 일자리로 끝난다'라는 의미도 여기에 있다.

길고 긴 고난의 연속, 청년 시절

세상을 원망하지 않고 나아간다

호된 신고식

새벽 6시에 도착한 서울역은 참으로 추웠다. 아버지가 빚을 내 쥐여 준 7만 원을 들고, 1972년 2월 24일 동대구역에서 야간열차에 올라 다음날 새벽 서울역에 내렸다. 서울에는 친구, 친척 하나 없었고, 등록금 5만6천 원을 내고 나면 내 손에 남는 돈은 달랑 1만4천 원뿐인 상황이었다. 이 돈으로 서울 유학 생활을 하기 위해 무작정 상경한 것이다.

새벽에 서울역 앞에서 가방을 들고 버스를 기다리면서 길 가는 사람에게 고대 앞 가려면 몇 번 타면 되냐고 물으니 '38번' 버스를 타고 알려줬다. 그런데 서울역 쪽에서 아무리 기다려도 버스가 오지 않아 다시 물어보니, 건너편에 가서 타라고 했다.

줄지어 정차한 버스들을 보느라 정신이 반쯤 나간 상태에서 두 시간을 기다린 끝에 '38번' 버스가 오기에 냉큼 올라탈 수 있었다. 그런데 한참 가다 보니 들판이 나와서 차장에게 고대 쪽으로 가는 버스가 아니냐고 물으니 하루 종일 타고 있으면 갈 거라고 심드렁하게 대답하는 거다.

그 버스는 서울 석관동에서 고대 앞을 거쳐 안양으로 가는 버스였다. 황급히 내려 건너편에서 다시 버스를 타고 서울역에 도착해서 아깝지만 택시를 탔다. 택시를 타고 고가도로를 몇 번인가 오르내리더니 한참 만에 빙빙 돌아 고대 앞에 내려 주었다.

입학시험을 보러 왔을 때는 택시비가 60원이 나온 것으로 기억하는데 8백 원이 나와서, 2백 원을 더 보태어, "옛다, 팁이다." 하고 1천 원을 던져주고 내렸다. 눈 감으면 코 베어 간다는 데가 서울이라더니 그렇게 호되게 신고식을 치렀다.

서울의 둥근 달

하숙집에 선금으로 하숙비 1만 원을 주고 나니, 이제 내 수중에는 2천 원밖에 남지 않았다. 나는 이튿날 바로 동아일보사로 가서 8백 원을 주고 가정교사 광고를 냈다. 그때 비로소 '여기가 서울이구나.'라는 생각에 정신이 번쩍 들었다.

정릉에 있는 가정교사 집에서 월·수·금 사흘을 가르치고 1만5천 원을 받기로 한 가정교사 자리는 그나마 괜찮은 편이었다. 반에서 꼴찌 한다는 학생을 부모님은 중간만 되도록 가르쳐달라고 신신당부를 했다.

고등학교 2학년 학생으로 나이는 나보다 한 살밖에 어리지 않았는데, 아무리 가르쳐도 책보단 딴 데 마음이 가 있는 녀석이라 성적은 전혀 오르지 않았다. 석 달이 되자 부모님은 이제 그만 오라고 했다. 해고된 것이었다. 해고된 그날 세상의 무서움이 피부로 와닿았다. 성과가 없으면 해고될 수도 있는 것이 세상이라는 걸 처음 알게 된 것이다.

해고된 날 나는 고대 본관 앞 인촌 동상 밑에서 소주 2병을 마시고 둥근달을 보며 한탄했다. 그만 촌에서 9급 면서기 시험을 보고 같이 살자던 사람도 생각이 나고, 8백 평도 안 되는 하천부지에서 밤낮으로 일해도 겨우 먹고사는 부모님 생각도 났다. 그러나 이튿날 눈을 뜨고 보면 그곳은 차가운 현실인 서울이었다. 그만큼 서울은 내가 견디기 힘든 그런 동네였다.

비참한 봄

5월이 되자 교정에 핏빛 철쭉꽃이 만발하고 축제를 앞둔 교정은 온통 흥겨운 잔치판이 벌어지고 있었다. 모두가 학교생활을 즐기는 것처럼 보였고 행복해 보였다.

그러나 나는 여느 학생들과 달리 행색이나 가슴속 심정도 달랐다. 이방인처럼 딴 세상을 바라보면서 먹고사는 일에서 생각이 벗어나질 못하고 있었다.

축제 중 가기 싫은 첫 미팅에 나갔다가 대구 K여고 출신 이 대생을 만나 삼류고 출신이라고 30초 만에 채이고, 내가 장난 삼아 붙인 영남고 출신 동문 모임이라는 벽보를 보고 가보니 나 혼자밖에 없었다.

세상이 나를 버린 건지, 내가 세상을 버린 건지, 모든 것이 혼란스러운 날들이었고, 장자의 말처럼 혼돈 속에서 보낸 대학 생활 첫봄은 참으로 비참했다. 공부하러 서울에 왔는지 먹고살기 위해 서울에 왔는지 분간이 되지 않는 고단한 생활 속에서 여름방학을 맞았다.

여름방학 때는 2학기 등록금을 벌어야 하기에 영남고 3학년들을 상대로 영어, 수학을 한 달간 가르치고 2학기 등록금을 마련했다.

그해 여름 방학은 여름이 언제 지나갔는지 알 수 없게 대구 구석방에서 후배들 과외공부 하는 데만 몰두했다.

10월 유신 그리고 독학

10월 어느 날 하숙집에서 저녁을 먹다가 흑백 TV에 나오는 박정희 대통령의 카랑카랑한 목소리와 함께 10월 유신이 선포되었다. 곧바로 휴교령이 내려졌고 할 일 없는 나는 다시 시골로 내려갔다.

시골 논에서 나락을 베다가 들판을 가로지르는 검은색 승용차를 보고 누가 장가를 가나 보다 했더니, 초등학교 점심시간에 내게 군고구마를 건네주던 초등학교 여동창생이 시집을 간다는 것이다. 벌써 시집갈 때가 되었구나? 세월이 이렇게 빨리 흘러갔나? 마음 한쪽이 먹먹해져 왔다.

10월 유신과 함께 방학이 끝나고 개학은 했으나 기말고사를 치르는 둥 마는 둥 하고 또다시 학교는 휴교에 들어갔다. 다시 돌아온 시골 마을에서의 하루는 참으로 길고 지루했다. 하릴없던 나는 친구가 운영하는 마을 뱃사공 보조나 하면서 노를 젓는 일로 하루하루를 보내고 있었다.

더 이상 등록금을 마련할 길이 없어 2학년 등록은 하지 못하고 남은 돈으로 육법에 관한 모든 책을 사서 독학하기로 했다. 독학은 내게 참으로 익숙한 습관이라서 어렵지 않았다. 생소한 법률용어는 법률 사전을 찾아가면서 법률 서적을 탐독하기 시작했다. 사법시험도 독학으로 해보리라.

5년 만의 사시 합격

독학은 남독(濫讀)이 되기 쉽다. 그러다 보니 지식은 많아지나 체계적이지 못했다. 토론을 거치지 않는 법학은 얕은 지식에 불과했다. 법의 정신, 법철학 등, 본질보다는 기술을 먼저 배우는 것이 독학의 단점이다.

그 후 내가 사법시험에서 합격선을 넘기고도 한 과목의 과락으로 두 차례나 낙방한 것은 독학이 준 폐단이었다. 두 차례나 평균 합격선을 상회하고도 과락으로 떨어진 것은 독단적인 논리를 답안지에 썼기 때문이다. 오기로 소수설을 피력하고 강변하고 설부른 논리를 전개했으니 시험관들이 받아들일 수 있었겠는가?

대학 2학년 때 아버지가 돌아가시고 4학년 여름에 산소 가는 길에 어머님을 따라 마산 진동에 사는 혼점을 하는 맹인 여자를 찾아가 전 가족이 혼점을 해 봤다. 그때 혼점하던 분이 5년 후에나 사법시험에 합격할 거라기에 혼자 피식 웃었다. 올해는 수석 할 수 있다고 자만했던 터라 혼점하는 아줌마의 말이 우습기까지 했다. 그런데 정확히 5년 후에 나는 사법시험에 합격할 수 있었다.

고난의 연속

1974년 2월에 대학에 복학을 했고, 우리 집은 그해 6월 마지막 종착지인 울산으로 이사를 갔다. 합천 강변에 있던 오두

막집은 뒷집 사람이 자기 집에다 불을 질렀는데, 자기 집은 안 타고 바람을 타고 넘어오는 바람에 우리 오두막집만 몽땅 타버렸다. 불타버린 집터에 비닐로 가려놓고 한 달가량 지내다 울산 이모님이 살고 있는 곳으로 또다시 이사를 가기로 했다. 강변 하천부지 점용권을 팔아 빚을 갚고 나니 32만 원이 전 재산이었다. 그 돈을 들고 전 가족이 울산 복산동 판자촌으로 월세방을 얻어 마지막 이사를 갔다.

창녕 남지에서 대구 신천동, 신암동, 창녕읍, 합천 덕곡을 거쳐 우리 가족은 당시 공업단지를 조성 중이던 울산으로 가면 살길이 열릴 것으로 보고 울산으로 이사를 간 것이다.

아버지는 현대조선소 임시직 야간경비원으로 가고 나머지 가족들은 모두 공장에 취직을 해 하루 벌어 하루 먹는 하루살이 인생을 또다시 시작해야 했다.

참으로 길고 긴 고난의 연속이었다. 무엇을 하려고 해도 할 수 있는 것이 없는 황량한 세월이었다. 세상이 한번 뒤집혔으면 좋겠다는 생각을 한 것도 그때가 처음이었다.

고난사(苦難死)

그해 겨울 울산에 내려갔다가 아버지가 일하는 전하동 현대조선소에 밤에 몰래 가보았다. 그 당시 현대조선소는 초창기라 담도 없었고, 전하동 백사장에 철조망을 쳐놓고 배를 건조하고 있었다. 낮에 배를 건조하다가 나오는 쇠붙이를 사람들이 훔쳐 가지 못하도록 백사장에 의자 하나를 놓고 밤새도록 지키는 것이 아버지가 하는 야간경비 일이었다.

그해 겨울 영하 18도에 이르는 엄동설한에 스툴에 앉아 모닥불을 쬐고 있는 아버지의 모습을 보면서 나는 마음속으로 피눈물을 흘렸다. 등받이 의자는 졸기 때문에 주지 않고, 천막도 없는 허허벌판에 모닥불 하나에 의지하여 밤을 새우는 야간경비원들에게 회사가 배려해주는 것이라곤 추위를 이기라고 막소주를 제공하는 것이 전부였다.

그 추운 겨울을 막소주로 버티면서 야간경비를 하던 아버지는 이듬해인 환갑 되던 해 여름에 술병으로 돌아가셨다. 병명이 무엇인지는 모르지만 병원에 갈 돈조차 없어서 돌아가실 때까지 무슨 병인지 아버지도 몰랐고 우리 가족 어느 누구도 몰랐다. 그저 술병으로만 짐작할 뿐이었다.

공동묘지가 내 팔자다

선산이 없어 남지 공동묘지에 안장을 하고 돌아오는 길에 쌍무지개가 뜨는 것을 보고 작은누이는 아버지 좋은 곳으로 가셨다고 두 손 모아 좋아했다. 살아생전에 한량으로 사시다가 나이 들어 고생길에 접어들어 만년에 비참한 생활로 생을 마감한 아버지를 보면서 나는 그렇게 살지 않을 것이라고 다짐했다.

'술은 먹어서도 안 되고 난봉은 절대 부려서 안 된다.' 그 후 나는 가능한 한 어떤 경우라도 술은 석 잔 이상을 먹지 않기로 했다. 생전에 가족들을 그토록 고생시킨 아버지이지만, 우리 가족 누구도 아버지를 원망해 본 일은 없다. 특히 어머니는 단 한 번도 우리들 앞에서 불평을 하지 않았다. 우리 가족을 고생은 시켰지만 단 한 번도 야단친 일이 없고, 아무리

어렵게 살아도 해학과 여유를 갖고 살았기에, 그저 그것이 우리들의 운명으로 알고 살았다.

그 뒤 내가 검사가 되고 난 뒤에도 마산 진동에 살던 혼점하던 그 맹인 아주머니 말대로 산소를 옮기지 말라고 하여 어머님이 생전에 지시하신 대로 지금도 남지 공동묘지에 그대로 계신다. 사법시험에 합격하기 5년 전에 말해 주었던 산소는 평생 그대로 두라고 해서 그대로 두고 있다. 경남지사 시절 고향 사람들이 이장하라고 그렇게 채근을 해도 어머님의 지시대로 나는 그대로 두었다. 그 당시 맹인 아주머니가 대행한 아버지의 말씀은 자기 분수에는 공동묘지가 제격이라 하셨다. 나는 점을 치지도 않고 믿지도 않지만 세상에는 불가사의한 일도 있다.

나는 지금도 혼점을 한 그 맹인 아주머니가 영매가 되어 아버지 목소리와 똑같은 목소리로 말을 한 그 당시 광경을 잊지 못한다.

제4부 유정친리

첫 데이트

1996년 10월 말 토요일 어느 날, 사법시험이 3개월 연기된 다는 발표를 보고 친구들과 놀러 가려고 돈을 찾으러 국민은행 안암동 지점에 들렀을 때, 나는 반가운 얼굴을 다시 보았다. 지난 4월 처음 은행에 돈을 찾으러 갔다가 한번 본 이래로, 말은 걸어보지 못하고 매일 5백 원씩 찾으려고 은행 창구 아가씨를 보기 위해 들렀었다. 그런데 어느 날 그 아가씨가 갑자기 사라져버려 궁금하던 차에 6개월이 지나서야 다시 은행 창구에 나타난 것이다.

보름달같이 복스럽게 생긴 그 아가씨를 다시 보고 난 뒤 도서관으로 왔으나 공부가 되지 않았다. 친구들에게 이야기를 하니 짓궂은 놈들이 은행으로 가서 불러내 주었다. 토요일 오후 취원 다방에서 처음 만나 이런저런 이야기를 하다가 둘이서 피카디리 극장에 갔다. 그 당시 데이트라는 것은 극장을 가거나 고궁, 다방에 가는 것이 대부분이었다. 우리는 극장에서 나와 다시 학교 앞으로 와서 라면으로 식사를 하면서, 만약 아가씨가 내가 마음에 들면 수요일까지 중앙도서관 4층으로 오라고 말하고 헤어졌다. 그런데 거짓말같이 그 아가씨는 월요일 저녁에 은행 마치고 도서관 4층으로 찾아왔다. 그렇게 해서 시작된 인연이 올해로 꼭 42년이 되었다.

행복한 출발

지루한 낙방 생활이 계속되면서 인내의 한계치에 다다를 즈음 마침내 사법시험 합격통지를 받게 되었다. 수석을 하겠다고 자만할 때는 늘 낙방하더니, 마음속으로 말석이라도 붙여달라고 읍소할 때 가서야 사법시험에 합격할 수 있었다.

이번에 떨어지면 포기하고 한라자원 파푸아뉴기니 원목 채취 현장으로 가기로 하고 1982년 9월 3일 처음 출근하기 전날 발표된 사법시험 2차 시험에 드디어 합격한 것이다. 요행히 그해부터는 학생 시절 시위경력도 눈감아주는 첫해 시험이어서 나는 무난히 3차 시험까지 통과할 수 있었다.

사법시험에 합격하던 날, 이제 가족이 지긋지긋한 가난에서 벗어날 수 있다는 사실 하나만으로 밥을 먹지 않아도 배가 불렀다. 변호사를 할 수 있으니 최소한 이제 밥은 굶지 않아도 된다는 것이 제일 행복하고 뿌듯했다. 나 하나만 보고 고생하시던 어머님도, 내 가족들도, 내 아내 될 사람도 정말 기뻐해 주었다. 오랜 질곡 속에 가슴 막히는 세월을 보낸 나도 정말 후련했다.

그해 12월 23일 우리는 공평동 교우회관에서 50만 원을 들여 결혼식을 올리고 봉천7동 지하 단칸셋방에서 새롭게 시작했다. 인생의 다음 단계로 나아간 것이다. 가진 것 없어도 참으로 행복한 출발이었다.

나는 지독한 가난 속에 유, 청소년기를 보내고 검사가 되고 나서도 상당 기간 전세방에 살았다. 그래도 나는 가진 자를 선망의 대상으로 삼았지 증오의 대상으로 삼은 적이 단 한 번도 없다. 증오와 분노가 지배하는 사회는 정상적인 나라가 아니다. 내 나라가 점점 증오와 분노의 사회로 가고 있어 걱정스럽다.

억강부약(抑强扶弱)의 도(道), 검사 시절

소신이 있으면 두려움이 없다

초임 검사

봉천동에서 지하철로 한두 정거장만 가면 서초동에 사법연수원이 있었기 때문에, 봉천동에서 신접살림을 시작했다. 사법연수원을 수료하던 날, 이제 변호사 자격을 땄으니 생계 걱정은 하지 않아도 된다는 기쁨에 마냥 즐거웠다. 신혼생활은 어려웠지만 희망이 있는 세월이었고 즐거운 하루하루였다.

울산으로 가서 변호사 개업을 위해 사무실을 알아보니, 개업 비용이 그때 기준으로 1억 원도 더 필요했다. 참으로 어처구니가 없었다. 1억 원을 마련할 길도 없었지만 개업을 안 하고 회사에 들어가려고 했더니 그때 삼성에서 상무 자리를 주겠다고 했다.

망설이고 있는데 연수원 시절 검사시보를 할 때, 지도부장을 하시던 부장검사님이 연락을 해 왔다. 내게 검찰에 지원하라고 하여 변호사 개업 비용을 마련치 못해 부득이하게 검찰에 지원을 하고 기다렸다. 그랬더니 청주지검으로 가라 하여, 1985년 1월 청주지검으로 초임 검사 발령을 받았다.

그해 2월에 총선이 있어 신임 검사 연수교육은 총선 이후로 미루고 청주에 초임 검사로 바로 부임했다. 민한당이 몰락하고 신민당 돌풍이 불던 바로 그 해였다.

호랑이 검사장

막상 검사가 되긴 했지만 신임 검사 교육도 받지 않은 채 출발했던 터라 모든 것이 생소하기만 했다. 검사가 된 지 사흘 만에 당직 차례가 와서 경찰로부터 접수된 구속영장 서류가 내게 넘어왔는데, 간부들이 퇴근한 후라서 혼자서 구속영장 서류를 보게 되었다.

두꺼운 횡령 사건을 살펴보면서 아무리 봐도 영장에 서명을 해야 할지 말지 판단이 서지 않아 밤늦게 차장검사님 숙소로 찾아가 지도를 구했다. 차장검사님은 두꺼운 기록을 10분 정도 보시더니 서명해도 된다고 하셨다.

어떻게 그렇게 신속하게 판단이 가능한지 물어보니, 여러 가지 범죄 중 구속 사유가 될 중요범죄가 인정할 만하니 다른 사항은 고민할 필요 없이 서명을 해도 된다고 하셨다.

그 차장검사님을 모시면서 나는 형사 송치사건을 어떻게 처리하는지 그 무렵 1년 동안 참으로 많은 것을 보고 배울 수 있었다. 그분에게 배운 검찰 실무가 그 후 내가 검사 생활을 마칠 때까지 제대로 된 검사 역할을 하는 데 중요한 밑거름이 되었다.

청주지검의 초임 검사 시절 처음 모신 검사장은 검찰의 호랑이로 유명한 분이었고, 성질이 나면 검사나 부장검사, 차장검사 가리지 않고 손찌검까지 해대는 무서운 사람이었다.

검사가 된 지 두 달 만에 구속자 석방 품신을 위해 검사장실로 결재를 받으러 올라갔다가 검사장이 "너 돈 먹었나?" 하면서 질책을 하기에 발끈해서 "검사장은 구속자를 석방할 때 돈을 받고 합니까?"라고 거칠게 대들었다. 그러자 노발대발하며 벌떡 일어나 쫓아오길래 더 거칠게 항의하고 검사장실을 도망쳐 나와 버렸다.

그 당시 검사와 검사장의 관계는 하늘과 땅에 비견될 정도로 상명하복이 엄격했다. 때로는 그 호랑이 검사장에게 구타를 당한 검사나 검찰 간부도 한두 명이 아닐 정도로 검찰 내에서는 폭군이었다. 그런 검사장에게 검사 경력 두 달도 안 된 초임자가 대들었으니 참으로 후환을 걱정하지 않을 수 없는 일이었다.

이미 초임 검사 부임신고를 할 때부터 우리 둘 사이는 관계가 들어져 있었다. 대구 명문고 출신인 검사장은 내가 대구 영남고를 나왔다고 하니, '영남학교는 깡패학교가 아닌가? 영남고 출신도 사법시험에 합격되나?'라고 비아냥거리면서 첫 대면을 시작했던 터라 벼르고 벼르다가 그날 대들게 된 것이다.

이틀 동안 아침 검사회의도 참석하지 않고, 여차하면 사표를 낸다는 생각을 하고 있었는데, 사흘째 되는 날 검사장이 나를 불러 방으로 들어갔다. 앞으로 네 수사기록은 보지 않고 결재를 해줄 테니 열심히 하라고 하기에 의아했지만 그렇게 하기로 했다.

후일담이지만 그 사건은 순식간에 전국 검사들에게 알려져 그 후로 나는 검사 생활 동안, 누구로부터도 견제를 받지 않고 내 소신대로 일할 수 있었다. 그 당시 전국 검사는 6백 명 남짓이었는데 그 소문은 며칠 내에 전국으로 퍼져나갔다.

나하고 다투어본들 손해는 내가 보는 것이 아니라 윗사람이 볼 수밖에 없으니, 결정적인 잘못이 없으면 그 검사는 건드리지 말라는 것이 그때 얻어낸 소득이었다. 검사로서 자유를 얻은 것이다.

오기로 한 수사

차장검사님으로부터 송치사건 송치요령에 대한 1년 치 메모를 받아 공부하면서 형사사건 처리에 자신을 갖게 될 즈음, 내 방에 배당된 진정 사건을 살펴보던 중 괴산군청 국유지 불법 매각사건을 알게 되었다. 괴산군 재무과장이 불법으로 국유지를 자기 부하인 재무계장에게 넘긴 진정 사건이었다.

그 사건을 수사하면서 대가에 대해서는 밝혀내지 못했지만 불법으로 국유지가 매각된 사실은 밝혀낼 수 있었다. 불구속 수사를 해도 될 일이었지만, 사건 처리 과정에서 당시 나는 새도 떨어트린다는 괴산 출신 국회의원의 압력이 들어오는 것에 반발하여 덜컥 구속해 버렸다.

그 당시 괴산사건은 그 국회의원의 승낙 없이는 처리하지 못할 정도로 영향력이 막강했는데 검사장도 쩔쩔맬 정도였다. 그 때문에 오기로 구속해버린 것이다. 그 후 3심을 거치면서 유죄선고를 받아내기는 했지만, 사건 자체만 보고 판단해야 하는데 감정에 치우친 결정을 내린 것을 오랫동안 후회했다.

검사로서의 자존심

청주지검 검사 시절에 주말이면 나는 가족들을 데리고 늘 낚시터로 갔다. 그래서 충북 일대의 유명한 낚시터라는 곳은 안 가본 데가 없다. 초평지에서 밤샘 낚시를 하면서 월척을 낚아 올렸을 때의 짜릿한 흥분은 지금도 잊지 못한다.

어느 날 검사장으로부터 새마을운동 사무총장인 전경환 씨로부터 연락이 와서 나를 한번 보자고 한다는 것이었다. 당시 전경환 사무총장은 사실상 정권의 2인자 노릇을 하던 실세 중의 실세였다. 그분이 내 중고등학교 선배인 줄을 알고는 있었지만, 그 높은 사람이 나를 보자고 한 것은 영남학교 후배 중에 검사가 있다는 사실을 신기하게 여기고 한번 만나러 오라는 것이었다.

며칠 동안 숙고를 하다가 검사장에게 만나지 않겠다고 전했다. 검사장은 "너를 청와대 파견검사로 차출해서 출세를 시켜준다고 하는데 왜 안 가냐."라고 힐책했지만 나는 가지 않았다. 검사는 검사로서 만족해야지 청와대에 파견 가서 더 출세해 본들 뭐하냐고 생각한 것이 내 판단이었다.

그때 아마 청와대를 갔으면 검사로서 더 빨리 출셋길에 오르고 검찰의 주류가 되었을지도 모른다. 하지만 훗날 노량진수산시장 강탈사건으로 전기환 씨를 구속한 5공 비리를 파헤치지는 못했을 것이다. 검사는 시골지청으로 가더라도 검사이지 서기가 되는 것은 아니다. 검사는 검사라는 사실만으로 명예롭고 영광된 것이다.

씁쓸한 권력비리 수사

5공 시절 법무부 장관 중 밤이면 청와대로 불려가 전두환 전 대통령과 대작을 한다는 실세 법무부 장관의 처가가 청주였다. 그 당시 그 처가의 세도가 막강하여 새로 부임하는 검사장은 언제나 사모님에게 인사를 하러 가야 할 정도로 대단했다.

어느덧 청주지검 생활도 끝나갈 무렵, 법무부 장관의 사돈과 관련된 변호사법 위반사건을 제보받아 수사에 착수하게 되었다. 검사장은 아주 난감해하고 곤혹스러워했다. 그래서 검찰 간부들이 모두 서울로 올라가는 토요일 오후를 택해 긴급 체포영장을 작성해서 수사관을 그 사돈 회사가 있는 서울 용산으로 보냈다.

토요일 오후 늦게 서울에서 전화가 걸려왔다. 사돈 회사에 가니 전국 유명 검사장들의 개업 축하 거울이 벽에 걸려 있고, 위세가 대단하여 잡아 올 수가 없다는 연락이었다. "내가 책임질 테니 잡아 오세요."라고 단호히 말하고 나서 밤 10시가 되어서야 압송해 왔다. 간단히 구류신문을 하고 조사를 끝내자 자정이 넘어가고 있었다.

"곧 인사이동이 있을 텐데 홍 검사 서울로 가고 싶지 않나? 검사장들도 부탁을 하는데 홍 검사 당신은 지금 실수하는 거야."

이 말에 욱하는 감정이 차올라 법원 당직 판사에게 연락을 해서 곧바로 영장을 발부받아 구속 수감해 버렸다. 월요일 아침에 검사장실에 법무부 장관의 부인이 찾아와서 격렬하게 항의를 하고 갔고, 검사장은 난감해하면서도 질책하지는 않았다.

그를 구속기소하고 난 뒤 울산지청으로 발령이 나서 울산으로 내려온 지 10일이 되지 않아 한 통의 전화를 받았다. 내가 구속기소했던 법무부 장관 사돈의 전화였다.

구치소에서 어떻게 전화를 할 수 있느냐고 물으니, "너 발령이 난 뒤 곧바로 보석으로 나왔다."라고 하면서, 약을 올리는 투로 "너 그렇게 검사를 하다간 앞날이 어두울 거야."라고 말하는 것이다.

인맥이 앞서는 세상이 되다 보니 집행유예를 좀처럼 해주지 않던 법조브로커 사건도 구속기소 10일 만에 보석으로 풀려나는구나. 씁쓸했지만 내가 할 수 있는 일은 거기까지였다.

공안 부적격자로 낙인찍히다

울산에서 6.29선언을 맞았다. 7월 초 울산지원 판사들과 저녁 회식을 하면서, 그 당시 공안 담당 검사가 앞으로 공안 사건이 줄어들겠다며 좋아했다. 하지만 6.29선언 내용을 보면 노동과 관련된 부분이 없어 오히려 노동분쟁은 더 늘어날 것이라고 나는 말했다.

이미 1974년 울산 현대조선소에서는 대규모 스트라이크가 일어나서 울산 경비사령부까지 동원되어 진압한 일이 있었기 때문에, 민주화시대가 오면 노동분쟁은 더 극심해질 것으로 예상했다.

아니나 다를까 그해 여름이 다 가기 전에 현대조선소를 중심으로 파업이 시작되더니, 급기야 8월 말에 이르러 이형건 형제가 중심이 된 대규모 시위가 시작되었다.

인천에서는 대우자동차 노조가 파업을 하여 80여 명에 이르는 노동자들이 불법 파업으로 구속되었고, 울산 현대조선소 파업 당시에도 50여 명이 불법 파업으로 구속되었다.

당시 울산지청에는 평검사 6명이 있었는데, 공안검사만으로는 그 사건을 처리할 수가 없어 대검에서 내려온 공안담당관의 지휘 아래 나도 노조부위원장 1명을 배당받아 수사를 하게 되었다.

내가 맡은 그 부위원장은 참으로 진솔해 보였고, 수사를 하면서 서로 친해져 전원 구속기소하라는 대검공안부장의 지시에도 불구하고 나는 끝까지 기소유예를 하겠다고 고집했다. 부위원장 한 사람만이라도 풀어줘야 사태를 진정시킬 수 있다고 고집스럽게 주장했다.

결국 기소유예 처분을 하기는 했으나 내 인사기록카드에는 그 날짜로 공안부 부적격자라는 낙인이 찍혔다고 한다. 그 후 나는 어느 검찰청에 가도 공안부는 배속되지 못했다. 그 당시 공안부는 엘리트 검사들만 가는 부서였고, 나는 검사를 그만둘 때까지 공안부 근처에도 가보지도 못하는 '막장 검사'였다.

당시 검찰에는 검사의 종류를 '광어족 검사, 도다리족 검사, 잡어족 검사'로 자조적으로 분류를 하던 때였다. 광어족은 자신의 다음 임지나 보직을 스스로 선택할 수 있었고, 도다리족 검사도 그 부류였다. 광어족은 6개월 전에 자기 임지를 알고, 도다리족은 1개월 전에 알고, 잡어족은 사흘 전에 다음 부임지를 알 수 있는 검사들이라고 했다.

그런데 나는 인사이동을 할 때마다 신문에 발표되기 전날 법무부에서 명단이 내려오거나, 아니면 그 이튿날 조간신문을 보고서야 내가 다음에 부임할 임지를 알 수 있던 잡어족에도 끼지 못한 막장 검사였다.

성실한 공직자

울산에서 보낸 1년 3개월의 검사 생활은 강력사건에 눈이 트이기 시작한 때였다. 살인, 마약사건에 대한 수사역량이 축적된 때이기도 했는데, 이때 만난 김 경장이라는 경찰관은 그때의 인연으로 지금까지 서로 연락하는 좋은 인연이 되었다.

김 경장은 내 방에 파견되어 마약사건을 주로 인지 수사하였고, 내가 울산을 떠날 즈음 경사로 특진했다. 그 후 서울남부지청과 광주지검을 거쳐, 1993년 슬롯머신 사건 직후에는 내가 그의 공로를 높이 사서 청룡봉사상 후보로 추천한 게 계기가 되어 경위로 특진되기도 했다.

그의 사람 됨됨이는 참으로 성실하고 수사밖에 모르는 강력계 형사였다. 지금은 은퇴하여 울산에서 잘살고 있다고 한다. 성실한 공직자가 우대를 받는 사회가 정상적인 사회다.

나는 강자는 누르고 약자는 도와준다는 억강부약(抑强扶弱)의 마음으로 검사 시절을 보냈다. 검사로서의 도(道)란 조사 대상이 누가 됐든 소신 있게 수사하는 것이라고 생각한다. 이렇게 하면 국민이 검찰을 신뢰할 수 있다.

소신과 정의, 모래시계 검사

검사가 당당한 것은 정의롭기 때문이다

노량진수산시장 강탈 사건

서울남부지청으로 올라온 것이 1988년 9월이었다. 그 당시 남부지청은 공안부가 따로 없었고 특수부 내에 공안파트와 특수파트가 있었다. 그런데 나는 특수부 내에 특수파트에 배속되어 이복태 선배와 함께 특별수사를 담당하게 되었다.

김원치 공안수석은 나를 공안부 쪽으로 천거했으나 공안부 부적격자로 기재되어 있는 바람에 특수 쪽으로 배속되었다고 한다. 배속되자마자 진정사건 하나를 처리하면서 전두환 전 대통령의 생질과 관련된 변호사법 위반사건을 인지수사하고 수사를 통해 구속 기소했다. 그런데 이 사건이 그 유명한 5공 비리수사의 출발점이 되었다.

정권이 바뀌고 야당의 거센 공격으로 5공 비리수사가 결정된 직후, 사건이 될 만한 것은 모두 대검과 서울지검에서 맡아 버리고, 두세 번이나 청와대 민정실에서 내사하여 종결 처리된 노량진수산시장 강탈 관련 진정서 한 장만 남부지청에 하달되어 내 방에 배당되었다.

노량진수산시장 경영권 강탈사건의 요지는 이렇다. 서울시에서 노량진수산시장 경영자를 지정도매인으로 지정하면, 지정된 그 사람이 한국냉장과 수산시장을 임대차계약을 하여 그 시설물을 경영한다. 그런데 당시 노량진수산시장 경영권을 재일교포인 노 씨가 서울시로부터 지정도매인으로 지정받아 경영을 하고 있었다. 그것을 청와대 민정, 감사원, 서울시가 합세해서 먼저 감사원을 통해 수산시장을 감사하고, 그 결과를 서울시에 통보하여 지정도매인 지정을 취소케 한다.

그렇게 함으로써 경영권을 박탈한 후 전두환 전 대통령 친형인 전기환 씨가 설립한 법인에 지정도매인 지정을 하도록 하여 경영권을 넘기는 식으로 이권을 탈취한 것이다. 최상층 지휘부는 청와대 민정수석 비서관실이었고, 실행자는 서울시장과 산업경제국장이었다.

정권이 바뀌자 경영권을 빼앗긴 노 씨 측에서 진정서를 제출했고, 그것을 청와대 민정에서 접수하여 두 번이나 내사를 했으나, 내사 종결처리된 그런 사건이었다. 그런데 나중에 밝혀진 사실이지만 청와대 민정에서 내사한 사람이 서 모 경정인데, 그 사람이 경영권 강탈사건의 실무 지휘자였으니 정권이 바뀌어도 진실이 밝혀질 수 있었겠는가?

진정서 한 장으로 시작된 그 사건은 그 후 두 달 동안 밤낮없이 나 홀로 수사를 계속했다. 처음 시작할 때는 아무 의미 없는 사건이라며 그 누구도 거들떠보지도 않았지만, 시간이 갈수록 사건이 커지고 뉴스의 초점이 되기 시작했다.

급기야 검찰총장이 수사중단 지시를 수차례 하게 되고, 언론에 미리 흘리고 확인하는 식으로 수사를 강행하는 과정에서 나는 검찰에서 외톨이가 되어 통제할 수 없는 검사로 낙인찍히게 된다.

언론은 연일 평검사와 검찰총장의 정면충돌 기사로 들끓었고 나는 검찰에서 도와주는 사람 없는 외톨이로 전락했다. 사실 5공 비리사건이라고 해서 전 검찰이 나섰지만 성과가 없었는데, 변방의 작은 지청에서 5공 비리사건 중 가장 중요한 전두환 전 대통령의 친형인 전기환 씨가 관련된 것을 밝혀낸 것이다.

우여곡절 끝에 전기환 씨는 경영권 강탈비리가 아닌 사소한 횡령사건으로 일단 구속하였으나, 본체인 경영권 강탈에 참여한 청와대 민정비서관과 서울시장은 제외된 채 검찰총장은 여론의 뭇매를 맞고 사퇴하였다.

뒤이어 취임한 검찰총장은 제일 먼저 그 사건 기록을 대검으로 가져가버렸고, 나는 특수부에서 넉 달 만에 형사부로 좌천되어 나머지 검사생활 중 특수부도 부적격자로 낙인찍혀버리는 신세가 되었다.

그 사건은 그 후 대검으로 넘어가 권력의 끈이 떨어진 이학봉 민정수석 비서관 한 명만을 구속하는 선에서 마무리되었다. 그 후 나는 남부지청 검사생활이 끝날 때까지 형사부에서 송치사건만 전담하다가 광주지점으로 좌천된 후 살인, 마약, 조직폭력만 전담하는 강력부로 배속되었다.

강력부 배속되다

2년 후 노량진수산시장 강탈사건으로 나와 대립관계에 있다가 물러났던 검찰총장이 법무부 장관으로 복귀했다. 두 달 뒤 1991년 2월 인사이동 때, 나는 부산을 희망했으나 공교롭게도 광주를 희망한 안 검사와 맞바꾸게 되었다.

내가 광주로 발령 나고 안 검사는 부산으로 발령이 난 것이다. 동기인 안 검사는 고향인 광주로 가서 검사를 하다가 변호사 개업을 하려고 했지만, 나 때문에 부산으로 가게 되었다고 투덜거렸다.

그 당시 경상도 출신은 5.18민주화운동의 영향으로 광주 쪽으로는 발령이 나지 않았는데, 후일담으로 들은 얘기는 광주로 발령을 내면 그놈은 사표를 내고 나갈 거라고 했다고 한다. 광주지검 발령을 받고 사표를 내려고 했는데, 동료 검사들이 이 시대의 공직자가 광주를 모르고 공직자를 할 수 있느냐고 하면서 갔다 오라고 종용했다.

1991년 3월 광주로 발령이 나서 받은 첫 송치사건에서 일주일 만에 그 사건 처리 과정에서 뇌물을 받은 수사 경찰관을 구속하면서, 나는 독사라고 검찰에서 별칭을 가진 차장검사의 눈에 들어 강력부로 배속받게 된다.

노태우 정부가 범죄와의 전쟁을 벌여 전국 조직폭력배들을 소탕하고 있었지만, 그 당시 광주에서 거물급은 손도 대지 못하고 잔챙이 조폭들만 잡아들이는 범죄와의 전쟁을 하고 있었다.

조폭과의 전쟁

강력부에 배속되자마자 나는 술집에 가는 것을 끊어 버렸다. 조폭들이 검사들을 꼬드겨 술집으로 데리고 가서 여자 하나 붙여주고 사진 찍고 약점을 잡아, 그 검사가 그 지방 검찰청에 재직하는 동안 조폭 수사를 못하게 하는 전통이 당시 광주에서는 암암리에 진행되고 있다는 소문을 들었기 때문이다.

그때 끊어버린 접대부 있는 술집 출입 금지는 지금까지 27년째 계속되고 있다. 그 바람에 나는 공직생활 내내 여자 스캔들로부터 해방될 수 있었다.

제일 먼저 착수한 사건이 건설업계에 침투한 조직폭력배 소탕 사건이었다. 광주, 전남 건설업계는 그 당시 조직폭력배를 업무 상무로 영입하여 그 지역 관급 발주 공사를 입찰담합으로 수주하고, 수주금액의 10%를 조직폭력배에게 전달하는 것이 관행처럼 굳어 있었다.

두 달간에 걸친 내사와 수사 끝에 광주, 전남지역 건설업계에 침투하여 공생관계에 있던 조폭 40여 명을 체포하여 구속하는 개가를 올릴 수 있었다. 건설업계 조직폭력배들을 일망타진한 것이다. 그 사건 이후 입찰 제도는 전자입찰로 바뀌어 지금까지 계속되고 있다.

이 사건 연루자들은 현직 판사의 조카도 있었고, 동생도 있었다. 구속영장을 발부한 판사는 이름을 보면 다 아는 지역 사람들이라 이름도 안 보고 구속영장을 발부하고 난 뒤, 조카인 것을 뒤늦게 알고 이튿날 찾아와 확인하기도 했다. 그해 여름 광주지역 변호사 업계는 수십억 원의 수임료로 참으로 행복한 여름휴가를 보냈다.

'모래시계'와 언터처블

다음에 착수한 사건이 국제PJ파 폭력조직 사건이다. 이 사건은 지금까지도 논란이 되는 호남지역에서는 전설이 되어버린 조직폭력 사건이었다.

국제PJ파 관련 수사기록을 찾아 수차례 검토를 해보니, 대부분 경찰 수사기록에는 두목은 여 모와 현 모로 되어 있는데, 작년에 검찰에서 인지수사를 한 기록에는 두목이 김길용으로 기소되어 재판 중에 있었다.

왜 여 모나 현 모는 입건조차 되지 않고 있는지, 검사들이나 수사관들도 그 이유를 말해 주지 않던 와중에, 김길용 씨가 항소심에서 국제PJ파 두목은 따로 있고 자신은 부두목에 불과하다고 자백하여 조폭 수괴가 아닌 간부급 조폭으로 감형되었다.

간신히 같이 근무하던 검찰수사관을 통해 들은 이야기는 사실상 두목은 여 모와 현 모인데, 그들은 법원, 검찰, 경찰, 안기부, 보안대 모두 비호세력들이 있어 건드리지 못하는 언터처블이라는 것이다.

실제로 그 당시 광주지검 내 간부들조차 그 사건은 수사하지 말라고 내게 수차례 종용했고, 심지어 서울에 있는 선배 검사들도 연락을 해와서 여 모와는 잘 지내라고 충고하기도 했다. 얼마나 대단한 인물이기에 그 많은 사람들이 비호하고 있는지 궁금하기도 했고, 한국 사회가 이렇게 썩어도 되는지 분개하기도 했다.

내가 모시던 직속상관인 부장검사조차도 옛날에는 잠시 조폭을 했다가 지금은 은퇴하여 사업가로 성공한 사람이니 의심하지 말라고 주의를 주었다. 또 검찰청에 출입하는 기자들조차 헛다리짚지 말라며 비웃기조차 했다.

사면초가 속에서 시작한 수사는 차곡차곡 증거 수집을 하다가 9월에 이르러 전격적으로 인지하고 지명수배를 해버렸다. 당시 나는 광주시 북구 우산동 현대아파트에서 전세를 살고 있었는데, 나는 5층에서 살았고 여 모 씨는 12층 한 통로에서 살고 있던 관계로 여 모 씨 가족과는 엘리베이터에서 자주 부딪치는 기묘한 연출이 가끔 있었다.

그해 11월경 서울에 잠적하고 있던 여 모 씨를 추적 끝에 검거해서 국제PJ파 두목으로 기소하였고, 1심 법정에서 그는 공소장을 변경하지도 않았는데 두목 아닌 고문급 간부로 감형이 되었다.

결정적인 증거는 부산 칠성파 두목인 이강환 씨가 일본 야마구치파 오사카 조장인 가네야마 고자부로와 한일 조직폭력단 형제 결연식인 사카스키 의식에 한국 폭력배들을 대거 참여시켰는데, 전라도 대표로 여 모 씨가 참여한 비디오테이프가 공개되었기 때문이다.

검찰총장의 만류를 뿌리치고 기소하면서 무죄가 나면 사표를 내겠노라고 약속을 했는데, 다행스럽게 유죄가 선고되었고 대법원에서 확정이 되었다.

굿바이 광주

그렇게 1년 5개월 동안의 광주지검 생활이 훌쩍 지나가고 해마다 5월이 되면 매캐한 최루탄 냄새가 진동하던 광주를 떠난 것이 1992년 8월 초순이었다.

원래는 2년을 있어야 정기인사 대상인데, 조폭들이 나를 광주에서 내보내기 위해 로비를 해주는 바람에 6개월이나 앞당겨 인사이동을 했다고 한다. 광주에서의 생활은 조폭과의 전쟁으로 얼룩진 위험의 연속이었다. 무등초등학교에 다니던 두 아들의 등, 하교를 파견 경찰관들이 직접 챙겨야 할 정도로 납치 위협이 계속되었고, 퇴근길 석궁 테러도 한 번 있었다.

문종수 검사장님의 배려로 나는 대구지검으로 전출 상신을 했지만, 서울지검 강력부 요원으로 특별 전출이 되었다. 공안부, 특수부는 부적격하나 살인, 마약, 조직폭력 수사는 전문성이 있으니 서울지검 강력부에 배치하라는 것이 대검의 판단이었다고 한다.

슬롯머신 사건

그 당시 검사들의 꿈은 서울지검 근무였다. 서울지검에서 근무해야만 검사를 했다고 할 수 있을 정도로 선망의 대상이었다. 대검이나 법무부는 특출한 재능이나 '빽'이 있어야 하지만 막 검사들은 서울지검 근무가 꿈이다. 문종수 검사장님의 강력한 천거로 생각지도 못한 서울지검 근무를 시작하게 된 것이다.

서울지검은 1992년 12월 대선을 앞두고 공안부만 부산하게 바빴고 강력부는 개점휴업 상태였다. 노량진수산시장 사건으로 형사부로 밀려났을 때부터 내사 중이던 슬롯머신 사건을 다시 점검하기 시작했다. 1989년 1월부터 시작한 정덕진 패밀리 내사사건은 광주를 거쳐 서울지검으로 올 때까지 3년 넘게 계속되고 있었고, 탈세와 조폭 관련에 배후세력까지 샅샅이 뒤지고 있었다.

이미 당시 서울지검장이던 사람이 검찰 내 주요 배후세력으로 알려져 있었던 때라 수사 개시는 엄두도 낼 수 없었고, 서울지검장 인사이동만 기다리고 있었다.

1992년 12월 대선이 끝나고 YS 문민정부가 들어선 1993년 3월 17일, 마침내 서울지검장이 대전고검장으로 승진 전보되었다. 이를 보고 그 이튿날인 3월 18일부터 슬롯머신 사건을 본격적으로 수사하기 시작했다.

비장한 정면승부

두 번에 걸친 수사계획서를 대검에 제출했는데도 승인이 떨어지지 않았다. 강단 있던 검사장께서도 범죄와의 전쟁 때 대검 강력부장으로 재직하면서 정덕진을 잡으려고 했으나 워낙 뒷배가 튼튼해서 잡지 못했다고 말씀하기도 했다.

1993년 4월 7일 토요일 새벽에 파견 경찰관들을 청담동 프리마호텔 커피숍에 모이라고 했다. 그리고는 맞은편 크리스탈 호텔에 은신하고 있던 정덕진을 체포해 내 방으로 압송하라고 지시를 하고, 느긋하게 9시에 검찰청으로 출근하자마자 바로 기자실로 가서 "오늘부터 파친코 수사를 재개합니다. 정덕진을 체포해서 조사 중입니다."라고 발표해 버렸다.

대검의 승인도 없이 시작한 슬롯머신 수사는 결국 여론을 동원할 수밖에 없었다. 조간, 석간 각 1개 언론사 기자들과 담합하여 수사정보를 공유하고, 언론에 기사화되면 확인하는 식으로 초기 수사는 외압을 피해 나갔다.

그토록 외압이 거셌던 이유는 수사 첫날 정덕진의 입으로부터 나왔다. 배후 세력을 대보라고 하니, 대뜸, 지난 대선 때 YS 진영에 세 번에 걸쳐 정치자금으로 수십억을 주었는데 YS부터 잡아들이면 불겠다는 식이었다.

그러면 우선 YS 진영에 주었다는 수십억의 내역부터 자술서를 작성하라고 했더니, 동생인 정덕일을 시켜 세 번에 걸쳐 수십억의 현금과 수표를 전달했다고 쓰고는 입을 닫아버렸다.

수사를 시작하기 전부터 검찰 간부, 청와대 등으로부터 수사를 하지 말라고 압박하던 실체가 이것인가 싶었다. 사실 그 당시는 정치자금법 위반은 수사하지 않는 것이 관례화되어 있던 터라, 일단 받아둔 자술서는 내가 보관하고 상부에 보고는 하지 않았다.

이틀 후 김태촌 사건과 관련해 공갈 방조, 특가법상 조세포

탈로 구속해 놓고 본격적으로 정덕진의 배후를 수사하기 시작했다. 3년을 내사한 터라 각종 미확인 혐의가 많아 범죄사실을 확인하는 데만 며칠 밤을 새웠다.

배후 수사가 시작되면서 경찰, 안기부, 검찰, 정치권을 차례대로 수사를 했는데, 박철언 의원 때문에 정치적 오해를 많이 받게 되었다. YS 용병 수사라는 오명을 벗기 위해 옷 벗을 각오로 시작한 내부 인사들에 대한 수사는, 검찰 수뇌부의 갖가지 방해공작을 물리치고 밝혀낼 수 있었다.

검찰 고위 간부들에 대한 수사가 끝나는 날, 나는 더 이상 검찰에 몸을 담고 있기 어려울 거라고 생각했다. 조직의 비리를 파헤쳤으니 검찰에서 나를 반길 사람이 과연 누가 있겠는가?

그 이전부터 나는 이 사건이 마무리되면 사표를 쓰고 나가겠다는 마음을 굳히고 있었다. 조직 전체가 나의 존재를 귀찮아하고 부담스러워하는 것이 눈에 보였기 때문이었다. 그리고 무엇보다 선배들을 구속시킨 데 따른 어떤 형태의 책임이라도 지는 것이 조직원의 도리이기도 했다.

우리 검찰이 이 사건을 스스로 거듭나는 기회로 활용하는 어른스러운 모습을 보여 주지 못하는 것이 아쉬운 일이었지만, 그러나 그것은 어느 한 사람의 힘으로 이루어지는 것이 아니라 조직 전체가, 나아가서는 역사가 자기 발전의 의지를 가지고 큰 발걸음을 떼놓을 때 비로소 가능한 일이었다.

마지막 사형집행

내가 검사로 한 마지막 수사는 택시 운전사 온보현의 여대생 납치 강간 살인사건과 막가파 사건이었다. 전남 영광에 시체 유기 공장을 차려놓고 사람을 납치해서 살해하고, 돈을 뺏고 시체는 태워버린 이른바 막가파 사건, 택시 운전사 온보현의 납치 강간 사건 수사를 마지막으로 검사로서 소임을 마무리했다.

두 사건 관련자들 중 4명은 사형선고가 확정되어 1997년 12월 YS 정부 시절 마지막 사형이 집행되었고, 그 후로 대한민국에서 사형집행은 중단되었다. 형사소송법은 대법원 확정 후

일정 기간이 지나면 사형을 집행하도록 되어 있으나 아무도 형사소송법을 지키지 않고 있다.

위 두 사건을 처리한 직후 나는 안기부 파견 명령을 받아 러시아 마피아 대책 담당으로 11개월을 근무했다. 안기부 파견은, 계속 검찰에 두면 또 어떤 사건을 만들지 모르니 당분간 수사권이 없는 안기부로 데려다 놓으라는 상부 지시였다고 한다.

안기부에 파견되고 11개월 후 서울 지검으로 복귀신청을 했으나, 수사권이 없는 법무부 특수법령과로 발령하는 것을 보고, 법무부 부임 인사를 하는 날 사표를 제출했다. 더 이상 검사로 내가 할 일은 없다고 본 것이다.

검사가 당당한 것은 정의롭기 때문이다. 1993년 슬롯머신 사건 수사 때 박철언 의원 수사로 끝내라는 청와대와 검찰수뇌부의 요구를 들어주었다면 나는 검사도 계속할 수 있었고, 출세도 가능했을 것이다. 그러나 그 요구를 들어주면 나는 YS 정권의 용병에 불과했다는 비난을 들을 수밖에 없다고 판단되어 검찰 고위 간부인 고등검사장 4명에 대한 수사도 감행했고 당시 검사들의 계파 수장이었던 4명의 고위 간부들 내부 수사로 검찰조직에서 사직을 하지 않을 수 없었던 것이다. 돌이켜보면 검사 생활 11년은 부패와의 전쟁, 권력과의 전쟁이었다.

국민을 향한 정치

결단의 순간에는 단호해야 한다

정치할 운명

검사를 그만둔 후 나는 중소도시로 가서 한 달에 5백만 원 정도를 벌 수 있는 변호사를 하고 싶었다. 그래서 경주로 내려가기로 마음먹고 집사람 설득에 나섰으나 전북 출신인 아내는 친구도 없는 경상도에는 가서 살 수가 없다고 극구 만류했다.

설상가상으로 광주지검 시절 내가 구속했던 조직폭력배들이 순차적으로 석방되면서, 하루가 멀다 하고 집으로 전화가 걸려와 가족을 납치하겠다는 협박이 이어졌다. 검사라는 외투를 벗으니 내 가족을 위험으로부터 지키는 수단마저 사라진 것이다. 다시 검찰로 돌아갈 길은 없고, 변호사라는 직업은 방탄복이 될 수가 없어 부득이하게 정치를 시작해 보기로 했다. 전국에서 강연 요청이 들어와 특강을 시작하면서 출발한 정치 여정은 당시 '모래시계' 드라마 덕분에 각 정당의 영입제의 1순위에 들어 있었다.

DJ 정당은 수차례 요청이 왔으나 정계은퇴를 번복했다는 이유 하나만으로 거절을 했고, 꼬마민주당은 이기택 총재와 통추(국민통합추진회의)의 대립으로 내가 들어갈 공간이 없었다. 그러던 중 1996년 1월 24일 YS가 변호사 사무실로 전화를 걸어 민자당에 들어오라고 하는 바람에, 대통령의 전화를 직접 받은 나로서는 엉겁결에 승낙하고 말았다. 그것이 족쇄가 되어 내가 지금까지 이 당을 지키고 있는 이유가 되었다.

새내기 정치인

1996년 1월 26일 민자당에 입당을 하고 바로 신한국당으로 바뀐 뒤 나는 송파갑 지구당위원장으로 선출되었다. 그 당시 송파갑 지역은 11대부터 14대까지 16년 동안 우리 당이 국회의원을 배출하지 못한 지역으로 7.5평, 13평 연탄 아파트가 밀집된 서민 주거지역이었다. 선거 두 달 전에 지구당위원장에 선출되고, 지역을 다 돌아보기도 전에 선거가 끝나버렸다.

'모래시계' 드라마 덕분에 압도적으로 당선되었지만, 선악만 구분하던 집단에서 선악이 공존하는 집단으로 활동 무대를 옮기다 보니 재선이 될 때까지 정치판에 적응하는 데 애를 먹어야 했다.

국회의원이 된 덕분에 조직폭력배들의 협박에서는 해방이 되었으나, 매일 뜬구름 잡는 국회의원 생활은 황당하기 이를 데 없었다. 그러나 잠실 재건축 공약을 지키기 위해 동분서주했던 초선의원 시절은 마치 검사 생활의 연장처럼 긴장된 분위기 속에서 보냈다. 상대 후보 진영의 고발로 진행된 선거법 위반 사건은 그해 10월 초 무혐의로 결론이 났으나 재정신청으로 법원에 계류되었다.

야성을 깨우다

재정신청 사건은 그 후 해를 넘겨 1997년 2월 구정 직후 서울고등법원에 의해 받아들여졌다. 법률적 논란이 많았는데 당시 한보사태와 김현철 사건과 관련하여 야당과 거래했다는 사실이 한보 국정조사에서 밝혀지긴 했으나, 청와대가 직접 연루되어 있어 주목도 받지 못하고 나는 법정에 끌려다니는 신세가 되었다.

재판은 1년 동안 열리지 않고 있다가 1998년 2월 DJ 정부가 들어오고 나서 시작되었다. 1997년 12월 대선은 DJP연합으로 상대 진영은 뭉쳤으나 우리는 이인제 국민신당의 출현으로 분열된 상태에서 치른 악몽 같은 선거였다.

1997년 6월 신한국당 대선후보로 이회창 의원이 선출되자, 그에 대한 지지율은 DJ와 비교해 52 대 18이 될 정도로 압도적이었다. 그런데 7월경에 이르러 민주당 천용택 의원을 중심으로 한 병풍 대책팀이 가동되고, 이회창 후보 두 아들의 병역 의혹이 본격적으로 제기되기 시작했다.

1997년 7월 27일경 나는 이회창 후보의 당시 자택인 구기동 풍림 빌라로 가서 밤늦게 이 후보에게 자제분 병역 의혹의 심각성을 고언하며, 대국민 사과와 두 분 중 한 분을 소록도 자원봉사로 보내자고 제안했다. 그런데 뜻밖의 반응은 한인옥 여사에게서 나왔다.

아무런 위법사실도 없는데 그런 주장을 한다는 것은 위법을 인정하는 것이니 차후로 그런 말씀은 하지 말라는 것이 요지였다. 나는 잘 나갈 때 머리를 숙이자고 했으나, 잘못도 없는데 잘못을 인정하는 것처럼 보일 수는 없다는 것이 그분의 설명이었다.

그 후로 당사 총재실을 찾아가 두 번 더 간청을 드렸으나 묵살되었고, 그해 추석 직전에 지지율은 10% 초반까지 폭락해 버렸다. 추석 전날이 되어서야 이회창 후보는 큰아들을 소록도 자원봉사로 보내는 용단을 내렸으나, 회생의 기미는 보이지 않고 후보 교체론에 시달리다 이인제 국민신당이 탄생하고 대선은 3자 구도로 고착되게 되었다.

뒤이어 11월에 터진 IMF 사태는 나라를 걷잡을 수 없는 혼란에 빠트렸고, 난국을 타개하기 위해 이인제 후보와 두 차례 만나 후보 단일화를 논의했으나 이 역시 실패하고 말았다. 하지만 마지막 돌파구로 꼬마민주당의 조순 후보와 합당하여 한나라당으로 새로이 창당하면서 반격의 계기를 마련할 수 있었다.

YS는 사실상 암묵적으로 이인제 후보를 지원한다는 소문 아래, 우리는 전력을 다했지만 37만 표 차이로 대선에 패배하고 말았다. 한국 사회의 주류가 바뀐 것이다.

익숙한 가시밭길

1998년 2월 구정을 앞두고 이회창 총재께서 신당동 자택으로 불러 가보니, 곧 당으로 복귀해야겠으니 의원들을 중심으로 복귀 준비를 하라고 지시했다. 그해 3월이 되어서는, 한나라당으로 합당할 때 조순 총재의 임기를 2년 보장하기로 합의했기 때문에, 당분간 DJ처럼 유학을 다녀오시는 게 좋다고 말씀드렸다. 그러나 그러면 잊힐 우려가 있기 때문에 복귀하겠다고 하기에, 우리는 초선의원을 중심으로 조순 총재 퇴진 운동에 들어갔다.

그리고 5월경 조순 총재가 퇴진할 때까지 우리는 참으로 못할 짓까지 하면서 조순 총재를 물러나게 했다. 조순 총재님은 선비였다. 퇴진 직후 여의도 일식집에서 정중히 사과를 드리고, DJ에게 대항하기 위해서는 불가피한 행동이었다고 말씀드렸다. 그해 8월 전당대회에서 이회창 총재는 다시 복귀하였고, 복귀 직후부터 이른바 총풍, 세풍, 안풍 사건이 터지기 시작했다.

총풍사건은 지난 대선 때 이회창 후보 측에서 판문점에서 북한 측에 총격사건을 일으켜달라고 요청했다는 사건이고, 세풍사건은 국세청을 이용해 대선자금을 모았다는 사건이었다. 안풍사건은 안기부 예산 1천2백억 원을 신한국당 총선자금으로 전용했다는 사건인데, 모두가 이회창과 한나라당을 궤멸시키기 위한 DJ 국정원의 공작이었음이 나중에 밝혀진다.

국정원 무너지다

DJ 정권이 들어서자 제일 먼저 달라진 것이 안기부 개편이었다. 안기부를 국가정보원으로 개편하고 대북감시통제기구인 국가정보원을 대북협력국으로 변질시켜 국정원을 대북 대화 창구로 활용하기 시작했다. 그러다 보니 대공수사국에서 근무하던 대공수사요원들을 비롯한 영남 출신 안기부 요원들이 대거 숙청되었고, 심지어 대북 휴민트 7백여 명의 명단도 북에 넘겨주어 북에서는 이때 대숙청이 있었다고 하는 미확인 정보도 나돌 정도로 흉흉했다.

휴민트란 인간정보를 뜻하는 비공식 정보요원인데, 지난 30여 년 동안 북에 심어 놓았던 안기부 휴민트가 이때 모두 숙청되어 안기부의 대북정보가 사실상 깜깜이 상태로 들어갔다고들 했다. 미국 CIA에서 수집한 대북 전자정보는 한국 안기부로 보내져 휴민트를 통해 확인하는 정보교류가 있어 왔는데, DJ때 이르러 미국 CIA에서 전자정보를 주지 않는다는 것이었다. 그것은 남북이 합작한다고 보았기 때문에 이때 단절된 전자정보는 노무현 집권기까지 10년 동안 지속되었다고 한다. CIA와 대북정보교류는 그 후 이명박 정부 때 들어서서 2008년 10월경 복원되었다고 알고 있다.

저격수 낙인

DJ 정부 내내 나는 매주 수요일 선거법 위반사건 법정에 서야 했고, DJ비자금 사건 폭로로 DJ저격수로 낙인찍혀 일거수일투족이 감시당하는 입장에 처해버렸다. 도청도 일반화되어 나는 늘 전화를 할 때 도청을 전제로 대화하기 때문에 흠 잡힐 일도 없고, 돈과 여자 문제로부터는 자유스러웠기 때문에 나를 감시하는 것도 의미 없는 일이었다. 하지만 그때 국정원 요원들은 끊임없이 나를 따라다녔다.

DJ 시절에는 총풍, 안풍사건 때문에 법정 변론하는 일과 내 선거법위반 사건 재판 받는 일로 하루하루를 보냈다. 총풍사건은 항소심에서 부장판사의 현명한 판단으로 사실상 무죄가 선고되었다.

안풍사건도 사건초기 내가 주장하던 대로 그 비자금 1천2백억 원은 YS의 대선 잔금을 안기부 계좌에 이체해 놓았다가 쓴 자금 세탁에 불과하다는 취지로 무죄가 선고되었다. 내 선거법 위반 사건은 해괴한 공범 이론을 들이대며 유죄판결을 하였으나, 나는 대법원 유죄판결 하루 전날 국회의원직을 사퇴하고 그 판결은 받아들일 수 없다고 선언했다. 실제로 그 공범 이론은 나에게만 적용된 유일한 사건이었고, 그 후 모든 선거법 위반 사건에서는 적용되지 않고 그 판례는 폐기되었다.

소중한 미국 생활

1999년 3월 4일 대법원 판결이 있기 하루 전, 나는 의원직을 사퇴하고 그해 5월 초 무작정 미국에 가보기로 했다. 국회의원 3년을 했어도 해외에 나가 본 일이 없던 나는 세계 중심지인 워싱턴에 한 번 가보기로 하고 무작정 비행기를 탔다.

이신범 의원이 소개한 워싱턴 인터내셔널센터 객원연구원 자격으로 무작정 워싱턴에 간 나는 델로스 공항에 마중을 나온

MB를 반갑게 맞았다. 나보다 먼저 낙마하고 조지워싱턴대학에서 손학규 전 의원과 같이 있던 MB는 아무런 연락과 준비도 없이 워싱턴에 온 나를 보고 어이없어하면서도 반갑게 맞아주었다.

펜타곤 옆 독신자 숙소에 방 하나를 얻어 시작한 워싱턴 생활은 혼자 있는 것이 익숙지 못했던 시절이라 매우 고통스러웠다. 하지만 미국 버지니아주 운전면허증도 따고 미주 한인들과 재미있게 보낸 워싱턴의 6개월은 미국이란 나라가 어떤 나라인지 알게 해준 소중한 시간이었다. 또한 낮에는 MB와 운동하고 밤에는 손학규 전 의원과 술을 마시며 담소하며 보낸 알찬 시간이었다.

당시에 얻은 깨달음이 내게 제2의 정치 인생을 살게 해주었다. 워싱턴에 오기 전에는 몸은 정치인이었지만 생각은 검사적 시각에서 벗어나지 못하고 있었다. '선악이 공존하는 정치판에서 선악을 구별하는 검사적 사고를 유지하는 것은 나 스스로 발목을 잡는 일'이었다. 의원직을 사퇴하고 나서야 나는 '당파를 위한 열정 대신 국가와 국민을 향한 정치가'로 다시 태어났다.

에필로그

평생을 가난과 싸웠지만 한 번도 가난에서 벗어나지 못했던 내 아버지는 일당 8백 원을 받는 임시직 야간 경비원으로 힘든 인생을 마쳤다. 한겨울 바닷가에서 칼바람 맞으며 가장의 책무를 다하고자 했던 아버지를 보며 피눈물을 흘렸다. 무학의 아버지, 문맹의 어머니가 내게 주신 유산은 꿈이었다. 가진 자들이 좀 더 양보하는 세상, 어렵고 힘든 사람에게 한 번 더 기회를 줄 수 있는 세상, 그리하여 정의가 강물처럼 흐르는 세상을 만들겠다는 꿈. 그것이 내가 받은 유일한 유산이자 내 인생의 마지막 꿈이다.

바람에 머리를 빗고 비에 몸을 씻는다는, 즐풍목우(櫛風沐雨)라는 말이 있다. 22년 정치인생을 즐풍목우의 심정으로 살아왔다. 정치·외교적으로, 사회·경제적으로, 우리는 너무 큰 위기에 직면해 있고 그것은 내가 외면할 수 없는 책임이고 운명이다.

나는 검사와 국회의원 경남지사를 거치면서 항상 결단의 순간에는 단호해야 한다는 원칙을 지켰고 그 결단에 후회를 해본 일은 없었다. 새로운 출발을 위하여 최근에 또 한 번 결단의 순간을 보냈다. 이제 나는 내 나라 내 국민을 지키는 아름다운 석양으로 남고자 한다.

螳螂
拒轍